宇宙牖啓于：雷天大壯卦

自序

易經錯了幾千年，史記以來易經版本可謂「千篇一律」，難祛窠臼，遍觀數千年所有「易經著作」。始自：「夏、殷商、周」，以來，易經除了「六十四卦相」無法可改之外，易經之「全部內容」已多被各個朝代改成：「史記」與「占不占、卜不卜」的「民間閒雜事之記述」。引申，如：「大壯卦」：六五：「喪羊于易、無悔」。坤卦之：「先迷後得」、「先迷失道」。睽卦九二：「遇主于巷」上九：「匪寇婚媾，往遇雨則吉，群疑亡也」等等。

在易經的「每一卦辭、彖辭、爻辭、象辭……等」比比皆錯。損卦六五：「十朋之龜」。

華夏「易經」，即：「伏羲先天六十四卦相」。

「卦相學理」已無載述「天象學理論」，而將此「瑰寶文明的：宇宙觀大學論」，數千年來之聖賢皆：「以辭說項」，即濟：「看辭說故事」般的闡述「易經」，甚至連「爻法對應」亦「諸多錯解」，相互抄襲倚辭立論。

「伏羲先天六十四卦」之「卦相」乃有其「宇宙觀100%☰☰乾天大太空」創建出「5%☴☴巽天大太空(星系世

界)」，其「創建」、「循環」、「生滅」、「共構時空」的法則，皆俱足于：「伏義先天六十四卦象之中」。

本人研習「伏義先天六十四卦」卦相之：「法、理、道」，即：「不易、簡易、變易」之總和相，近五十年來，研習而知「伏義先天六十四卦」乃一部唯有在「中土華夏」的「宇宙學論大經典」伏藏著「宇宙密碼」在：「連山易圖」之「數據變渙于六爻卦相的陰陽六爻定論，每一卦皆在闡述：宇宙大學論」。

緣於對「六十四卦相」解讀出：「連山易圖有數字密碼變渙，且運用于：六十四卦每一卦的變易法則」。

已經將「易經」改為「天象學理論」，並將爻、卦、彖、象辭，全部以「六十四卦相」作：「天象卦爻辭」之解釋，以釋論「伏羲先天六十四卦」乃「宇宙大觀論」，將陸續出版「伏羲先天六十四卦相」之天象學理論，分冊出版。

林永昌　謹識於　高雄

前言

「伏羲先天八卦圖」乃「宇宙100%」由「三分☰乾卦」立定「中心太極點」呈立：「三點中心定軸」，由「☰乾卦之：三和定軸生呈☷坤地卦」而顯現：「上、中、下」立定：「一軸轂」巽旋於「三百六十度為一周天」，曰：「周天易」。

周天軸轂☴巽於之「磁場能量」乃生呈「左☲離、右☵坎」☴巽旋出：「四正卦」與「四隅卦」，「八卦」生呈「

一方宇宙星系世界」，而「天地宇宙之時間與空間」乃緣由：「星系互旋互引」之磁場產生「斥、合、和」的「磁孚共構運轉同軸」生呈：「時間軸」之「總磁能量場」共構「大星系外圍共旋」之星系磁能量場同運轉於：「同一時間中軸」，而產生：「時間磁場」共構「空間星系磁場」，產生：「時間」、「空間」、「共體運轉」，且「循環往復」行歷「時空」之有「生滅定律」。

「伏羲先天八卦圖」：「☰乾天卦相」為：「三分體相」，定軸成立：「三和體相」，「陰、陽」於「八單卦」中「互相對應爻位」，並由「陰、陽」兩極，「左、右」互旋，其「磁能量場」形成「星系磁孚」於「䷀乾天大太空間」，故：「星系總稱：䷸巽天大太空間」生呈」互旋而有時間與空間的架構運轉體相」，佔5%巽天空眾星系。

「☰乾天大太空間佔95%之天空」並無：「時間」與「空間」之「星系磁場」，而是彌遍絪縕物質：「能量元素」與「物質元素」。

此即濟：「伏羲先天六十四卦」能量對應之基本概念在於：「先天八卦圖之解析三爻對應法」，方可探究「六十四重卦」法則。

解讀：

①：「連山易圖」有卦相陰陽密碼變渙數字。

②：「歸藏易圖」有「隱相之方位顯示」。

③：「周天、六十四卦方圓規矩圖」為有「定律、法則」的循環於：「圓規六十四卦圖」與「方矩六十四卦圖」有「不同等排列組合」的「運用範疇」，故：六十四卦，可以「學而致知」。

䷡雷天大壯卦目錄

第一章・大壯

序

【大壯卦】

◎「☲☰大有卦生呈：四正位卦：☰乾、☷坤、☲離、☵坎」。

◎「☳☰大壯卦繼呈：四偶位卦：☱兌、☶艮、☴巽、☳雷」。

◎「大有呈：四正位」，「大壯呈：四偶位」。

共構：「先天八卦圖」牖自：「內八卦」、「外八卦」。

互旋八八重六十四卦。

◎「正四卦」變生為：「連山易圖」，「連山易圖變生成：歸藏易圖」，兩圖合併乃生呈：「先天六十四卦規矩方圓圖」，即濟：「圓道周流，循環往復」。

◎「先天六十四卦相」是：「時空星系卦象學理論」。

為「100%的六十四卦時空星系解釋符號，瞭解「先天六十四卦」，則沒有「迷信的困惑」，互愛的信條將遍彌十方、十界、十度空間之所有生命元素與物質能量，化解執著與偏泥。

◎「易經原辭」必需對照「本論天象辭」。

《ＡＢ圖大壯卦四隅共構圖》

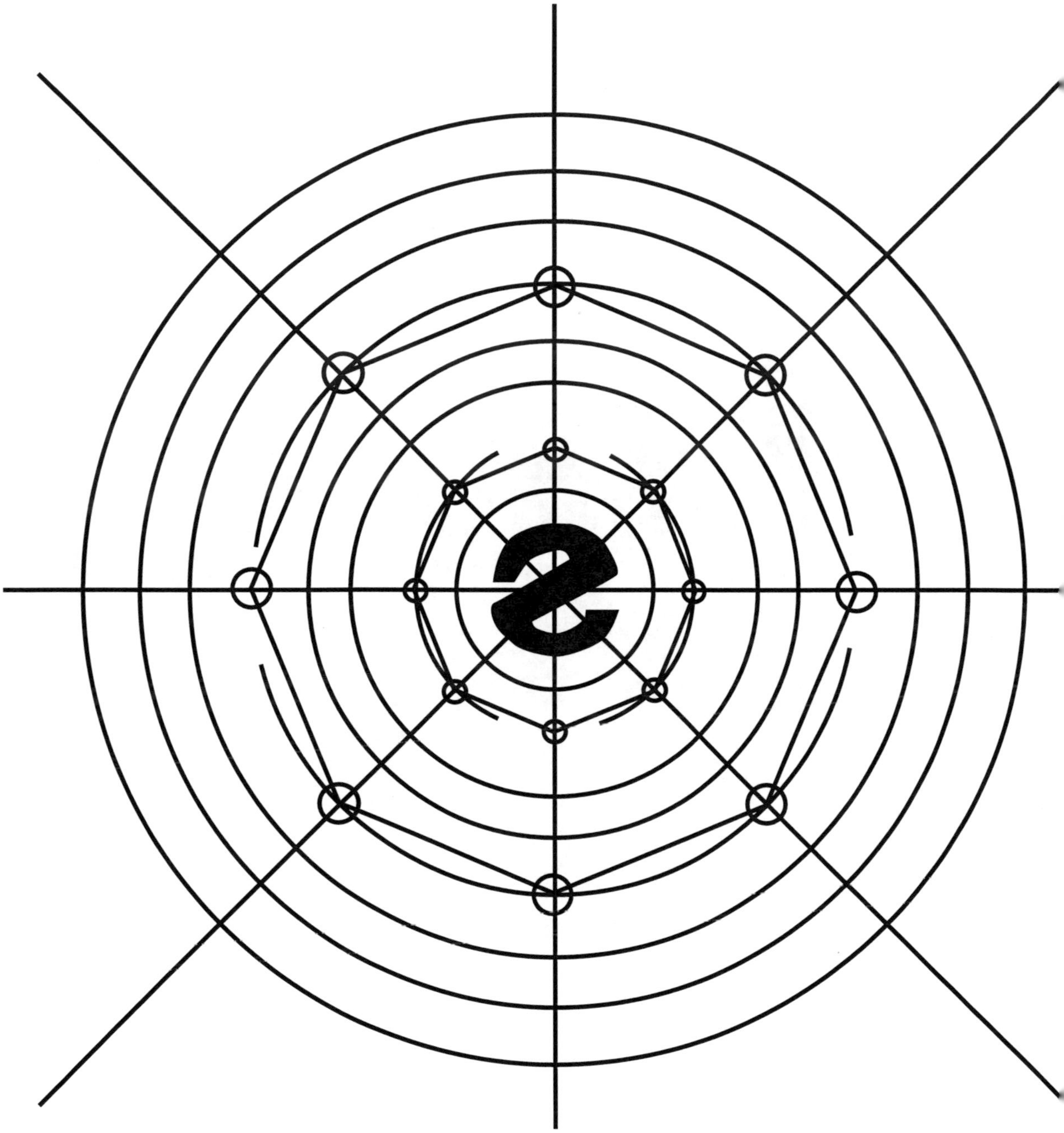

◎序第三十四卦：䷡雷天大壯卦，坤土四世卦。

〔易經原辭〕

◎䷡大壯卦辭（節錄易經講義）。

大壯㊀，利貞㊁

〔新註〕

㊀大壯：大是陽，四陽盛長。（本義）

㊁利貞：利於貞正。（程傳）

〔新譯〕

大壯卦是陽在盛長，在壯大，乾剛在下卦，震動在上卦，這以剛而動，所以大壯，而利於貞正。

〔集註〕

船山易內傳：大，謂陽也，壯者極其盛之辭。陽道充實而嚮於動，志盈氣盛而未得天位，則爲彊壯有餘，而未乘乎時之象，故僅言其壯，若有勉之惜之之辭焉。乾之四德，大壯所可有，不言元亨，以未得天位，尚不足以統天而達其雲行雨施之大用也。

利貞者性情也，性情則已足矣。……陰尚據其上，疑於相應，而貞則必利。

本論天象辭：以本論為準

【本論：天象卦辭】

【本論】

「䷡大壯卦」，卦辭：「大壯、利、貞」。

【註釋】：

〈一〉：

①：「大」，即：「元大」。比「䷍大有卦」之：「大有、元、亨」。

②：「壯」（音：ㄓㄨㄤˋ：碩健、強大）。

〈二〉：「利、貞」：

①：「利」：有利益之創建。

②：「貞：貞固」。

③：「大有卦辭：大有、元、亨」，大壯卦辭：「大壯、利、貞」，乃「䷀」乾天卦辭：乾、元、亨、利、貞」，于「䷀」乾天大太空有中，創建宇宙世界」。

〔註辭〕

〈三〉

：「大壯」，大：天乾空大。雷居「☰乾天之上」，更顯現：「☰乾天之上可以容納☰乾天卦之上尚有「☰☰乾天」，☳☰大壯繼繫：☲☰火天大有卦四正立定四隅，乾天空大，乃大之道，其「大」乃因：有互相隨應之物質能原量元素不間斷在「互應」、「闢、闔」之道，極速擴闢，雷、天皆剛健。

〈四〉：易繫上四章：「易與天地準，故能彌綸天地之道」，䷡大壯卦九四、九三皆阳乾之天象，天、地，即濟「上、下」，以「大輿軸輹」可臻輯，彙住，藩(ㄈㄢˊ)較(ㄐㄩㄝˊ)埠盈，(大壯六三爻辭)。

〈五〉：故又曰：「範圍天地之化而不過，曲成萬物而不遺」，「故，伸无方而易无體」。

䷍ 大有：元、亨。

䷡ 大壯：利、貞。

▽

䷀ 乾：元亨利貞。

火天大有卦與雷天大壯卦乃「四正定立一太極」，大壯于大輿之輹(九四爻辭)，共構四正、四隅而呈顯：「八卦立定一太極，大輿之輹」，兩卦乃「繼」、「繫」四正、四隅的主卦象，利、貞，卦辭合：元亨、利貞。

〔易經原辭〕

◎䷡ 大壯卦彖辭（節錄易經講義）。

彖曰：大壯，大者壯也，剛以動㈠，故壯。大壯利貞，大者正也，正大而天地之情可見矣。

〔新註〕

㈠剛以動：剛指乾、動指震。（本義）

〔新譯〕

彖傳說：大壯是什麼意思？陽盛長而壯大，乾剛以震動，所以壯。

大壯利於貞正，陽壯大而爲正道，這極正大的道理，就可以見天地之情了。

〔集註〕

船山易內傳：純剛則盡自彊之道，無陰私之累，而震以使知退，剛以養成，動以時興，皆正也，正則无不合義而利矣。……人能正其大者，則可以見天地之情，而不爲陰陽之變所惑也。……人惟不先立乎其大者，以奮興而有為，則玩生殺之機，以食色為性，以一治一亂爲數之自然，則陰干陽，欲戕理。

本論天象辭：以本論為準

【本論：天象彖辭】

【本論】

「䷡大壯卦」：彖曰：「大壯、大者、壯也，剛迤動，故壯，大壯利臻，大者，軫(ㄓㄣˇ)治、軫大。而天地至犖，可見矣！」。

【註釋】：

〈一〉：

①：彖曰：「大壯、大者、壯也」卦辭已有解釋即「元亨、利貞」。

②：「剛迤動，故壯，䷡大壯卦」是以「下卦☰乾天之上分置八卦列序」，由「䷀乾」、「䷪夬」、「䷍大有」、「䷡大壯」，一、二、三、四，四卦下四爻互約皆「䷀乾卦」，故：「剛健阳爻相迤衍」，且「主動相」，「初九爻」與「九四爻」皆

「上卦」與「下卦」之「初爻」，為「始動逶迤剛健之爻」，曰：「剛迤動」，「故壯」。

〔剛迤動，故壯〕。

〈二〉：「大壯、利臻、大者、軫治」：

①：「大壯」剛迤動，故利「臻」：此即「大壯九四爻辭：壯于大輿之輹」，「臻極，壯于大輿之輹」，「臻」：到達，亦「達到」。

②：「大者、軫（ㄓㄣˇ）治」：下四互約卦為：「☰☰乾天」，以「元、亨、利、貞」，故用

「大者」，「軫」(ㄓㄣˇ)：大車輪軸輹至整個大車體相皆可用：「軫(ㄓㄣˇ)」，「治」：造就、創建，共構「䷍大有卦九三爻辭：公用，亨于天，咨，校(ㄐㄧㄠˋ：校調)茬(ㄖㄣˊ：茬苒：時空運轉)，孚恪」。

〈三〉：「軫(ㄓㄣˇ)大」：「大車以載，有攸往務就，積中不敗也」。〔註：大有九二爻辭〕，曰：「軫(ㄓㄣˇ)大」。

〈四〉：「軫大」，而天地至擎(ㄑㄧㄥˊ：引動天地軫大極至)，「擎動」，亦可稱：「整體相運轉」。

〈五〉：陽長乘四爻上卦成䷲震，動於天之上，每一卦六爻中，以陽剛健之爻進乘過半，即進乘于九四爻，大壯九四：「臻輯、彙往，藩（ㄈㄢˊ：藩昌：繁盛、盛展，曰：臻輯，藩，較（ㄐㄩㄝˊ：競徵獲得），「埠盈，壯于大輿之輹」，曰：「軫大，而天地至摯，可見矣！」，「剛以動故壯，大壯利臻、大者軫治，軫大而天地至摯，可見矣！」，「大壯軫治，立定四隅之方位，軫大而天地至摯，可見矣！」。

〔至摯：整體動能效率極大〕。

〈六〉：「䷍大有卦創建大車以載，積中不敗也」，

「䷡大壯卦：壯于大輿之輹共構八卦」。

〔易經原辭〕

◎ ䷡ 雷天大壯卦象辭（節錄易經講義）。

象曰：雷在天上，大壯。君子以非禮弗履㈠。

〔新註〕

㈠非禮弗履：即是克己復禮，自勝者強的意思。（引程朱）

〔新譯〕

大象說：雷震動在天上，是大壯的現象。君子以此克己復禮，自勝者強，所以非合於禮的，即不履。

〔集註〕

船山易內傳：地以上皆天也，故有雷在天上之象，雷本陽氣之動，親乎天，非但震物，君子之壯壯於己，非壯於人也。積自強之道，以動而不餒者，惟禮而已。孟子謂之集義。禮者，義之顯於事物者也。道義充而節文具，浩然之氣自塞乎兩間，如雷上於天，陰不能遏，若助長以陵人，其壯必槁，非大壯也。

本論天象辭：以本論為準

【本論：天象大象辭】

【本論】

「☳☰雷在天上，大壯、均咨、迤，斐（ㄈㄟˇ）歷（ㄌㄧˋ）、孚（ㄈㄨˊ）履」。

【註釋】：

〈一〉：「雷在天上，大壯」：象徵大壯卦卦相。

☳雷動於☰乾天之上。

〈二〉：「均咨」：諸各大小星系均衡來往運轉。

〈三〉：「迤」：(ㄧˇ)：迤衍緜長相繼相繫。

〈四〉：「斐」：(ㄈㄟˇ)、「歷」：(ㄌㄧˋ)。註：〔不用非禮〕。

「斐歷」：豐富可觀的行歷與孚信。

〈五〉：「孚」：(ㄈㄨˊ)：信實至誠。

「履」，即「履卦」之「信實至誠的行履」。

〔註〕：孚履宇宙諸方界，十大空間之時空過遇。

〔註〕：大象辭修辭部分

①原辭：君子以非禮弗履。

②修辭：均咨迤斐歷孚履。

【釋】：大象辭乃「接繼」彖辭：「大壯、大者、壯也，剛迤動，故壯，大壯利臻、大者，畛(ㄓㄣˇ)治，畛大而天地至摯。可見矣！」。示現：「宇宙萬象」有「可見識」的「☳震卦」：第四度空間物質與生命元素能量，為「有」顯相可見，亦有：「其他空間95％之隱相空間」的萬有物質生命能量居處於：「十度大空間95％中的能量元素」，共構：「畛(ㄓㄣˇ)大而天地至摯，可見矣！」。

第二章・大壯卦下卦爻辭

〔易經原辭〕

◎䷡大壯卦初九爻辭（節錄易經講義）。

初九，壯于趾㈠，征凶，有孚。象曰：壯于趾，其孚窮㈡也。

〔新註〕

㈠趾：足指。在下而進動。（引程朱）　㈡窮：窮困。（程朱）

〔新譯〕

初九剛陽在下，要壯的時候，如足指壯盛進動在下初下。這樣的進動，會有凶的，雖然有誠信，因還居初下。小象說：壯盛在下的足趾，那誠信已到窮困。

〔集註〕

船山易內傳：二、三皆與陰應，初獨與陽孚，宜其吉而反凶者，德薄位卑，九四奮興以往蒞(ㄌㄧˋ)於陰，而不恃初以為援，則所孚者，志不相通也。

本論天象辭：以本論為準

【本論：初九天象辭】

【本論】

「䷡大壯卦」初九：「壯于砥、臻穹、牖輔」。

〔註〕：即歸藏易圖之四耦位。

象曰：「壯于砥、其輔穹治」。

【註釋】：

〈一〉：

①：初九：「壯于砥(ㄓˇ)」，壯：強盛、壯大。

〔註：音：ㄓㄨㄤˋ：撞、撞擊、壯擊〕。

②：「壯于砥(ㄉㄧˇ)」：砥乃「中心砥柱」：壯擊大車軸中心可依賴的堅實砥柱。即「大有卦九二爻辭：大車以載，積中不敗也」。

〈二〉：「臻穹」：達到穹蒼中心軸轂。

〈三〉：「牖輔」：開發啟動其「輔位」：四隅位的輔位功能。

◎象曰：〔壯于砥（ㄉㄧˇ）〕、〔其輔穹治〕。

【釋】：

〈一〉：〔其輔穹治〕：大壯卦四隅位乃輔助蒼穹創建造就「蒼穹☰☰乾天中」，有「四正位」：「☰乾乎」、「☷坤酉」、「左離☲、右坎☵」，大壯卦「四隅輔位」乃：「☱兌」、「☶艮」、「巽☴」、「雷☳」，交易于「☳雷、☴巽兩卦」，共構「有來」、「有往」、「有順」、「有逆」，有「乘、承、進、退」的「宇宙十方、十界、十度空間，之可以對應：時空穿越」。

〈二〉：曰：「其輔穹治」，乃「先天八卦圖」有「來」、「往」、「順」、「逆」之卦象。

◎䷡大壯卦初九爻辭：

初九：「壯于砥(ㄉㄧˇ)、臻穹、牖輔」。

象曰：「壯于砥、其輔穹治」。

【釋】：「䷍大有卦」，乃「四正卦」。「䷡大壯卦」為「四隅卦」是「輔牖卦」。

《ＮＢ圖》

四隅卦

〔註〕：䷍大有卦是立定四象交錯中軸之「大車以載」，䷡大壯卦是「初九與九四」，與䷍大有卦的初九與九四同而異，異而同，歸妹䷵而「䷐隨（相遇而應，互易位立）」，䷡三爻變成：䷵，故「䷡大壯卦」是繼繫「䷍大有卦」，大有卦四正位為主，大壯卦四隅位為輔。隅：ㄩˊ：角。

䷡雷天大壯卦九四爻辭：「臻輯、彙往、藩較埠盈，壯（撞）：融合兩個物質體相，互撞合而為一整體相，九四爻：藩較埠盈、壯于大輿之輹。

〔註〕：藩：藩昌。較（ㄐㄩㄝˊ）：競爭、獲較，即：較（ㄐㄩㄝˊ）：獲。

易繫「說卦傳」第三章，是解釋「大有卦」與「大壯卦」架構」相呈：先天八卦圖」之述：「天地定位、山澤通氣、雷風相薄、水火相射、八卦相錯、數往者順、知來者逆，是故，易，乃順逆之數也」。

◎䷡大壯卦生呈四耦圖：

〔釋〕：

〈一〉：「䷡大壯卦」初九：「壯于砥、臻穹、牖輔」。象曰：「壯于砥、其輔穹治」。

〈二〉：☰☰乾天卦上八變卦為：

①：☰☰乾天卦。

②：☱☰澤天夬卦。

③：☲☰火天大有卦。

④：☳☰雷天大壯卦。

⑤：☴☰風天小畜卦。

⑥：☵☰水天需卦。

⑦：☶☰山天大畜卦。

⑧：☷☰地天泰卦。

〔註〕：本論皆有天象學論。

〈三〉：「☰☰乾天卦」居下卦，上卦則有八序變，「先天六十四卦相」，「規圖」有「左」、「右」陰陽消長之分。

《G圖》

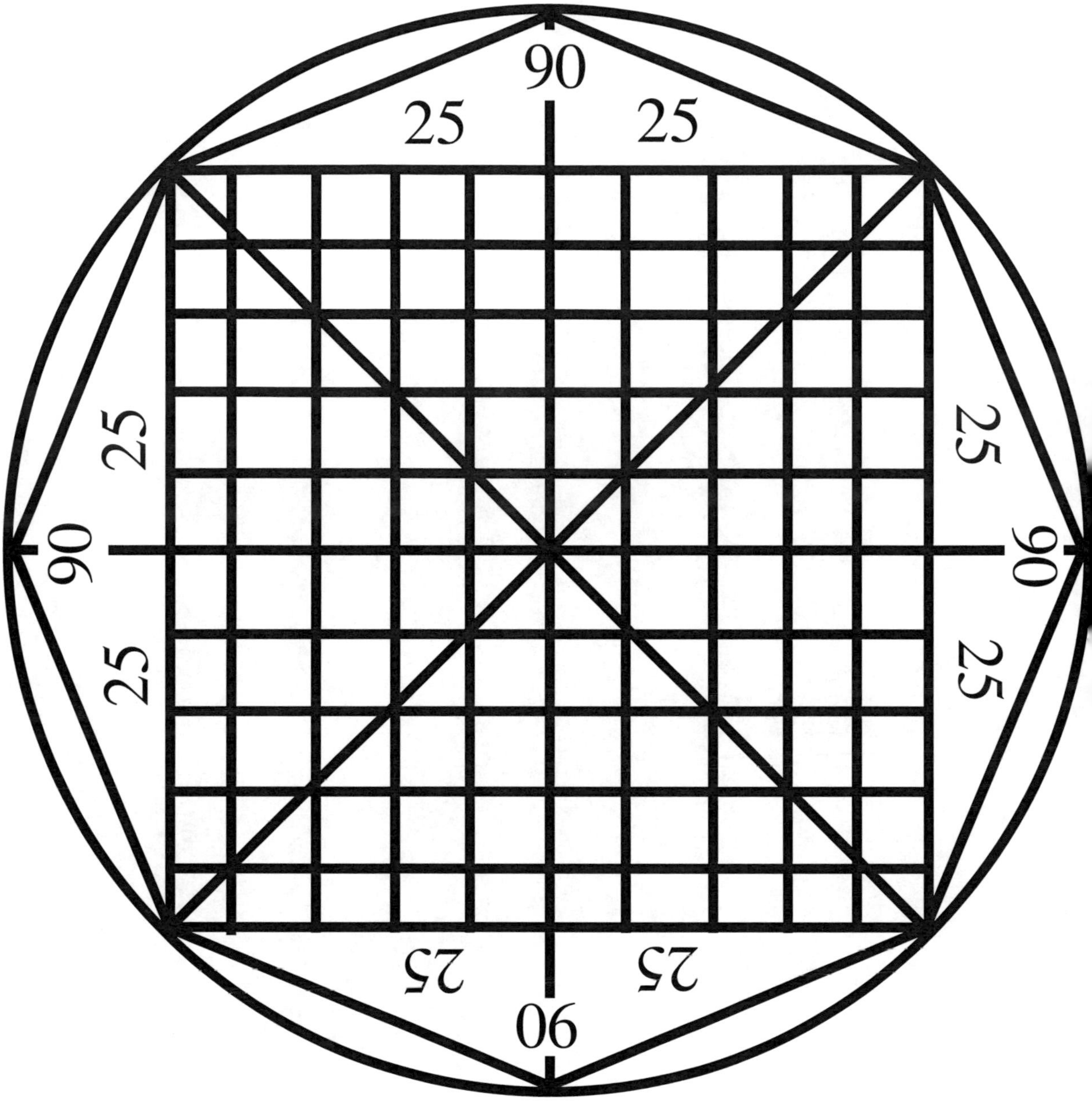

歸藏用五用十圖（商代）

而「矩圖」則有「上」、「下」之別，共構：「上、中、下」與「左、中、右」，不同變渙卦相之法，故「伏羲先天六十四卦象符號」是宇宙星系有「陰」、「陽」互互變易於「不易」之道。

〔註〕：

火天 ☲☰：四正位(連山易圖)。

雷天 ☳☰：四偶位(歸藏易圖)。

伏羲先天八卦圖示已完備架構一星系宇宙世界，以「䷍火天大有卦繫繼」，「䷡大壯卦」，終繫：「䷊地天泰卦」，起于：「䷀乾天卦之，天空上三繼繫：「䷍火天大有卦」，共構「交通互易來往」，致令：「☳雷」、「☴巽」兩卦呈現：「交通交易，互易位立」，曰：「易卦太極立定說」，｜▯榫卯乃阳⚊阴⚋。

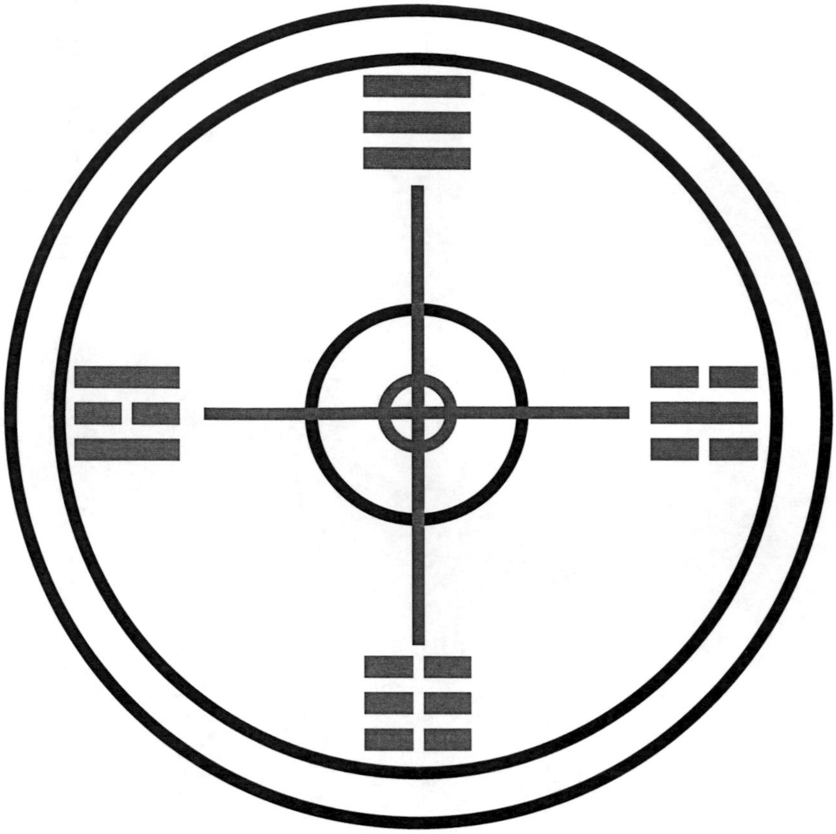

①NA圖。

②NB圖。

〔註〕：孚乾、酌坤，趁離坎。

「趁」：是交錯。交錯立中一太極，四象相稱(ㄔㄥ)、對稱。

③NC圖：構運中心。

先天八卦順逆交易

〔註〕：伏羲先天八卦圖示雷、巽，乃由：「萬物化醇」至「萬物化生」呈顯：「陰阳互易、交易，有順、逆、往、來、雷巽電旋之原理的完備系統架構」，二重先天八卦，即濟：「先天六十四卦」。

〔解〕：

〈一〉：NC圖示：NA、NB兩圖重成八方立定一太極，由䷍大有卦與䷡大壯卦兩卦于「輿輹順、逆」，可以：出、入，一震雷動、一巽旋轉、二重NA圖重NB圖示，共構成象，（順、逆、進、退，同輹軸心榫卯點）。

〔註〕：NA、NB兩圖共構成為八卦圖。

〈二〉：「宇宙萬象」乃「大車以載，有攸往，務就」，即：範，常也，屯卦辭，「大車以載，積中不敗也」。倚「先天八卦圖」之「軸」：「積中不敗」極至各大小星系運轉之：「範，常也」。

〔易經原辭〕

◎䷡大壯卦九二爻辭（節錄易經講義）。

九二，貞吉㈠。象曰：九二貞吉，以中也。

〔新註〕

㈠貞吉：貞正而吉。（程傳）

〔新譯〕

九二陽剛，處在陰位，惟有貞正，才能得吉。小象說：九二貞吉，是因爲處在中道。

〔集註〕

船山易內傳：九二以庸德為健行，內修之盡，非旋健於外，以陵物爲壯也。

本論天象辭：以本論為準

【本論：天象九二爻辭】

【本論】

「䷡大壯卦」九二：「臻輯」。

象曰：「九二臻輯，倚中也」。

【註釋】：

〈一〉：九二：「臻輯」(臻)：到達、達到，「輯」：彙整萃聚，編輯。

〔釋〕：䷡大壯卦九二爻，乃「䷡大壯卦下四爻：䷀乾卦」地位卦中之「內卦」，其同類萃比聚集，依其位為「䷡大壯卦下四阳爻之中位」，倚中也，同「䷍大有卦九二爻辭之：積中不敗也」，四正卦與四隅卦共構於「同軸中心立極點」。故皆「倚中、積中，不敗也」。

◎【解六爻應法】六十四卦六應法則：

〈一〉：「正應」：初九與六四爻皆居上卦與下卦之初位，以「六爻卦論」，「初九」為「一」為陽。「六四爻」為「四」隅數為陰，正居正位。曰：「正應」、「六二爻正應九五爻」、「九三爻正應上六爻」，乃：「一、三、五為陽位」，「二、四、六為陰位」，居位不正不可稱：「正應」。

〈二〉：「居位不正而阴阳當應」，曰：「當應」，如：初六當應九四，九二當應六五，六三當應上九。

〈三〉：「比鄰相應」，每一卦六爻當中，不論是否有應，以「阴」與「阳」比鄰則可先應，此比鄰相應，與「正應」或「當應」皆可「先咸相比而應阴阳」，曰：「比應」。

〈四〉：「無應」：不論「正應」、「當應」或「比應」皆无可應。

〔註〕：有三爻同鄰相居之爻，或更多至五爻同陰或阳相鄰，對「單一之爻位皆无有對應之交」，曰：「無應」。

〈五〉：「萃應」：同陰或同阳，有三同陰或三同阳之交，可「鄰應同陰或同阳」，如：「大有」、「大壯」、「大過」、「地雷復」，諸多卦屬：「相鄰類萃而應」，曰：「萃應」。

〈六〉：「外應」：每一卦六爻當中，各爻皆有前五項「對應法」，而「獨有一爻无可應阴、阳之爻」，則為「孤爻」，孤爻不向內應，而向外方宇宙世界之「孤爻」待時再應，曰：「外應」。

〔註〕：歸藏易之「乘方」即「外應」。「承方」即入于「歸藏易」之「出、入、乘、承、進、退」，各卦皆有不同「對應法」。

〔釋〕：「伏羲先天六十四卦」是有依據卦相理論作出「宇宙萬象」，曰：「卦象學理論」，括囊「渙算法則」皆有「四十一法要」的規矩範型演繹「數字法理」，如：「十日紀年法」即是古載：「十日太阴曆」，「伏羲聖人」創卦作曆已分「阳曆」、「阴曆」、「十二月令」、「廿四節氣」、「七十二候」，卻分散地球各地，仍然典據于：「華夏易經六十四卦」。

〔易經原辭〕

◎ ䷡ 大壯卦九三爻辭（節錄易經講義）。

九三，小人用壯，君子用罔㈠貞厲，羝羊㈡觸藩㈢羸㈣其角。

象曰：小人用壯，君子罔也。

〔新註〕

㈠罔（ㄨㄤˇ）：是無，視有如無。（本義）

㈡羝（ㄉㄧ）羊：（雄羊）剛壯喜歡觸物。（本義）

㊂藩：籬（ㄌㄧˊ）笆（ㄅㄚ）。（程朱）

㊃羸（ㄌㄟˊ）：摧困。（程傳）

〔新譯〕

九三過剛不中，又在壯時，小人就用壯，而君子則視有如無，蔑（ㄇㄧㄝˋ）視於事而無所忌憚，這勇太過了，雖正也危。譬如雄羊剛壯喜觸藩籬，反而摧困他的角。小象說：小人以壯敗，君子以罔困。

〔集註〕

船山易內傳：罔與網通。羝羊，牡羊也。九三與上六相應，小人見君子之壯而欲用之，而九三因欲網羅之以爲己應，雖不自失，亦危矣。羝羊本剛以求牡，故急於前進。

本論天象辭：以本論為準

【本論：天象九三爻辭】

【本論】

「䷡大壯卦」九三：「校荏，用壯，均吝，用網，臻，轣(ㄌㄧˋ)，締央蹴(ㄘㄨˋ)藩(ㄈㄢˊ)，盈其隅(ㄩˊ)」。

象曰：「校荏用壯，均吝，罔也」。

【註釋】：

〈一〉：「䷡大壯卦」九三：「校荏(ㄐㄧㄠˇ ㄖㄣˇ)：校調星系

磁距固定運轉」，荏苒星系運轉之「時空」過遇之行履，曰：荏苒。

〈二〉：

①：「用壯」(用)：利用，一種從本體發生，而能夠影響別種東西的活動力，叫做「作用力」。

「用壯」：使用剛健強大的作用力。

②：「均咨，罔(網)也」：「均衡循序」、「校荏」相互往來，曰：「均咨」乃「恒常」。

③：「用罔」：「罔(ㄨㄤˇ)：同網」，即：「網羅極致四方八達」。

④：「臻𩥇」：「臻」：達到，「𩥇」所有運行皆自軌道。

⑤：「締（ㄉㄧˋ）：締結連盟」，央（中心軸轂），蹴（ㄘㄨˋ）：一蹴而成，恭敬且謹慎，「藩（ㄈㄢˊ）藩昌：繁榮旺盛」。

〈三〉：「盈其隅」：豐盈中央軸轂之四隅。〔註：隅：（ㄩˊ），即：角〕。

◎象曰：

①：「校(ㄐㄧㄠˇ)：校調」，「荏(ㄖㄣˇ)：荏苒運轉時空」。

②：「用壯」：使用剛健壯大的作用力。

③：「均咎，罔(ㄨㄤˇ絅)治」：均衡往來，使用大壯強健的「絅羅迤羅織四方隅位」，亦即「九三爻辭」：「盈其隅」。

〔解〕：

〈一〉：「䷡大壯卦」九三爻，阳居正位，萃應下四阳爻呈「☰乾天卦」之外，向上「正應上六爻」，以「正應提挈(ㄑㄧㄝˋ)領卦」。

〈二〉：「九三爻」居「正位」、「正應」，爻辭用：「盈其隅(ㄩˊ)」顯示「九三爻」已經呈現「☱澤」、「☶艮」、「☴巽」、「☳震」四卦，且已成其相，「盈其隅」是由：「初九爻辭」：「壯于砥(ㄉㄧˇ)」，臻穹：運行於「☰乾天大太空間」，乃「接繼䷡大壯卦之卦辭，再繫彖辭，繼繫大象辭」，顯現「由初九晉九二，再晉九三爻辭」，為一有「整體運作能量對應秩序之過程行履」。

〈三〉：「先天六十四卦」的「宇宙卦象學理論」，示顯「六十四卦相」每一卦，皆為有「六爻六應」的「四十一法要」規矩，有「定律」、「規範」的規律行履程式。

第三章・大壯卦上卦爻辭

〔易經原辭〕

◎䷡大壯卦九四爻辭（節錄易經講義）。

九四，貞吉，悔亡，藩決㊀不羸，壯于大輿之輹㊁。

象曰：藩決不羸，尚㊂往也。

〔新註〕

㊀輹（ㄈㄨˋ）：輪的要處，與輻同。（程傳）

㊁決：開。

㊂尚：通上。

〔新譯〕

九四的陽，剛長盛壯而過中，是壯得很，惟以貞正得吉，而且無悔，如藩籬決開，而不困弱他的壯，又如高大的車，輪輻強壯而行利。小象說：藩籬決開了而壯不困，這可以上行的，乃是進不已。

〔集註〕

船山易內傳：九四爲震動之主，前臨二陰，無所繫應，陽實陰虛，以至實馳騁乎至虛，無所阻蔽，為藩決不羸之象。輹，車箱也，三陽在下，積實已盈，故壯莫盛焉。震之壯，乾壯之也。大正而吉，雖不當位，固无悔也。

本論天象辭：以本論為準

【本論：天象九四爻辭】

【本論】

〈一〉：「䷡大壯卦」九四：「臻輯」，「彙往，藩(ㄈㄢˊ)：藩昌、繁盛旺相，較(ㄐㄩㄝˊ)：較獲取得」、「埠盈：大壯四隅卦之本體四隅滿盈」。

九四：臻輯，彙往，藩較(ㄐㄩㄝˊ)埠盈。

〈二〉：「壯于大輿之輹」：「䷍大有四正卦」大車以載，積中不敗的大車軸輹宇宙大星系與「䷡大壯卦」的「四隅卦的宇宙大星系互相撞擊」，四正大有乃「大車以載」，而「大壯四隅壯于」：「大輿之輹，彙聚共構成」，「併合中央軸輹之綱」，曰：「彙往，藩決埠盈，壯于大輿之輹」，亶（ㄉㄢˋ）：誠信厚實，旺（ㄨㄤˋ）：望大興盛也。

于此同軸〔八卦依序律呈顯：「八卦相錯，數往者順，知來者逆，是故，易，順逆之數也」（說卦傳第三章）〕，共構先天八卦圖。

〔註〕：

①順：順時鐘方向，曰：順。

②逆：逆時鐘方向，曰：逆。

③同一圓軸而有「順」與「逆」同時運轉，則產生「陰」、「陽」互磁效應，即生呈「磁能量場」的作用力。

◎NF圖示，同軸輹共構：「先天八卦圖」。

《ＮＦ圖示》

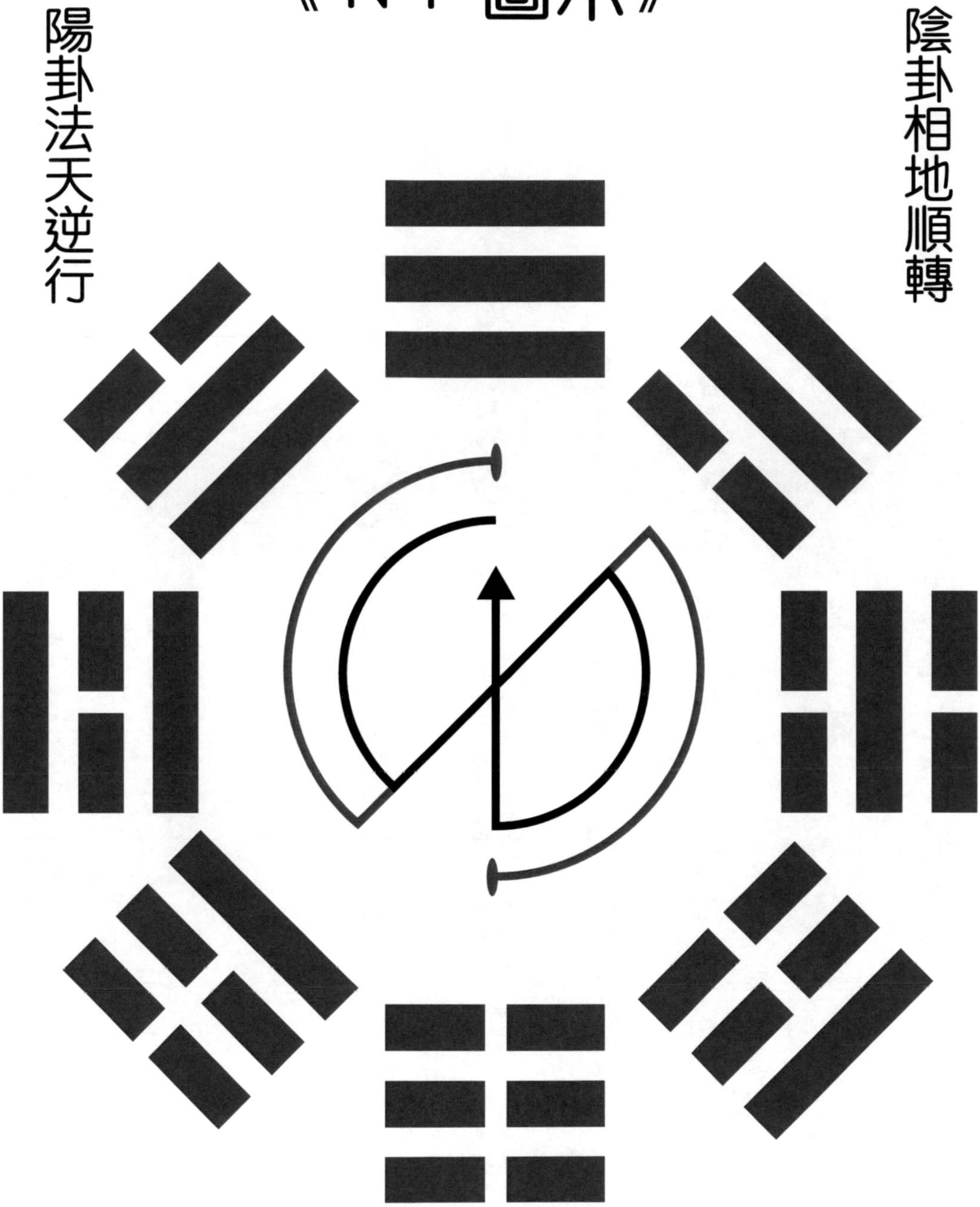

〔註〕：☳雷、☴巽兩卦乃☰乾三變反陰，與☷坤三變反阳，呈現「兩極皆反，互易立位」，曰：「互易交通」。

〈三〉：伏義先天八卦上乾孚阳，下坤酌阴，離坎對稱于軸輹立定一太極，交易于「☳雷、☴巽極反故」，而互易位立，共構：「雷火巽旋」的八卦象徵「宇宙生呈原理」，皆為「有正當應和的五行阴阳元素」，有始、有終、有來、有往、極窮而變，極變而通，架構呈現「星系宇宙世界」，共構在：「磁能量距等互相可以持衡以恒的運繞在：大輿之軸轂」中，周流不息，而空間能量大于「實體能量體相」，故：「未知」，大于「已知」，「不可測」大于「已測知」。

先天八卦之內八卦互旋外八卦，相錯逶衍，形成「內」、「外」相錯，且「順、逆」，互旋運轉，共構顯現出：「八八六十四卦」，在「䷀乾大太空」相互交錯，重疊對應運轉，產生：「有來」、「有往」的：平行空間異同時空世界互衡恒於地球的「十日太陰曆」的「紀元校荏時空中有：相互交易點」。

〔註〕：時空異同中有磁場能量對應點而進入另一同異世界的時空之中。

〔註〕：在占䷲震卦中有詳述與圖解。

◎節錄本論大有卦，圖D：「八外卦」與「八內卦」互旋順逆立體於「䷀乾天大太空間」，共構形成「異同」與「同異」世界有「交易時空」的「穿越」現象。

〔釋〕：「外、內卦」是「交錯互旋圖」。

《D圖》

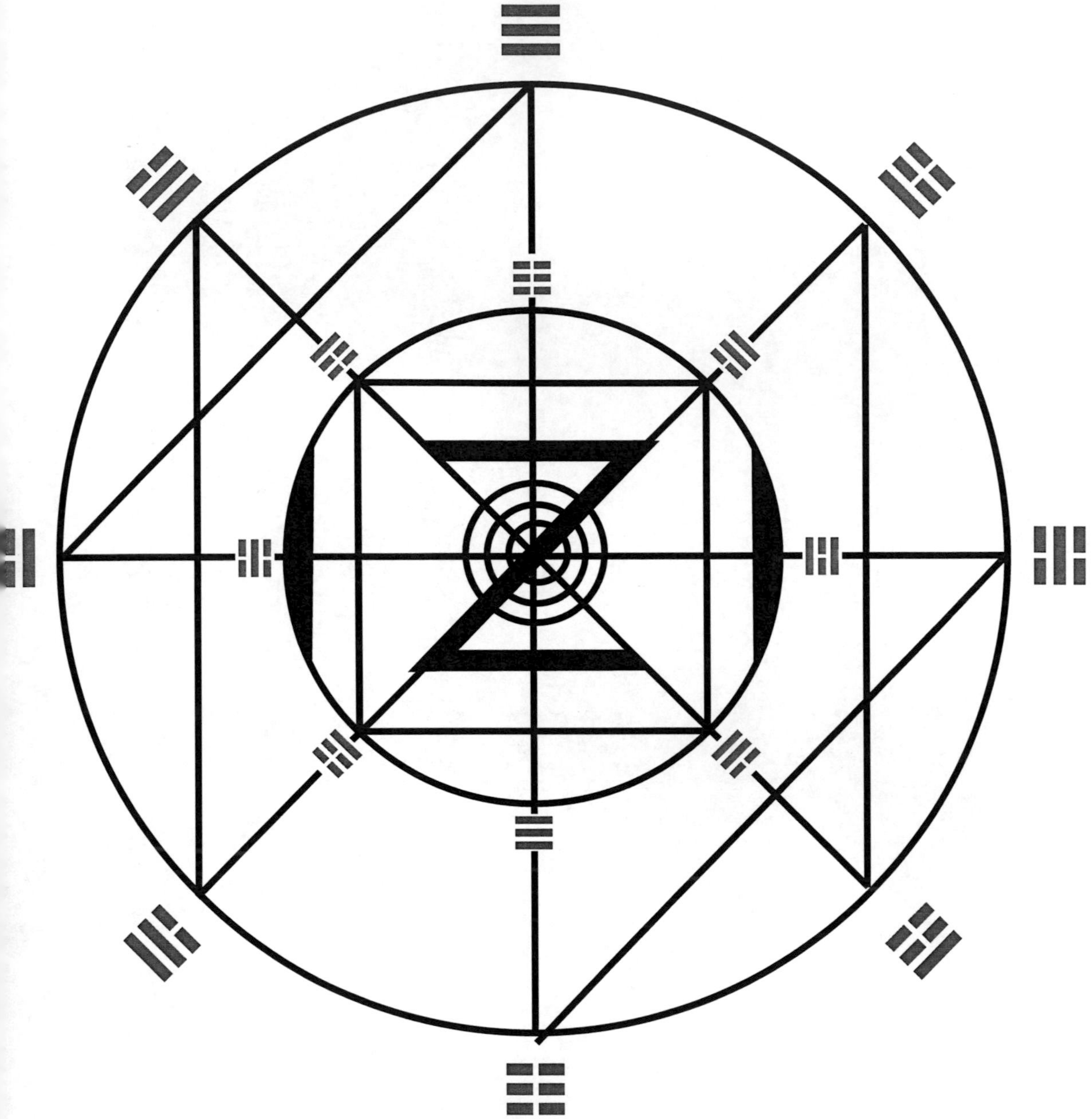

〔易經原辭〕

◎䷡大壯卦六五爻辭（節錄易經講義）。

六五，喪羊于易㊀，无悔。象曰：喪羊于易，位不當也。

〔新註〕

㊀易：容易的易，或疆場的場。（本義） 和易。（程傳）

〔新譯〕

六五柔居陽位，在諸陽並進而方長的時候，難以力制，惟以和易待之，如失羊于場，則他的壯，無以用剛了，這沒有悔的事。

小象說：喪羊于易，是因所居的位不當。

〔集註〕

船山易內傳：四陽類進，至此忽變而陰，喪陽之象。易本義云：或作疆場之場是也。

本論天象辭：以本論為準

【本論：天象六五爻辭】

【本論】

「䷡大壯卦」六五：「喪阳，隅弋，務彙」。

象曰：「喪阳于易（異域），逶埠亶（ㄉㄢˋ）治」。

【註釋】：

〈一〉：「六五」

①：「喪阳」（喪）：失去；弋（ㄧˋ）：獲得。

②：「阳」：失去阳位。

〔註：四正位為阳位〕，四隅位為阴位，大壯卦由下四爻行履至「五爻尊位為阴」，緣「九四爻已：壯于大輿之輹」，以「四隅位榫(筍)」卯于「大有卦九二：大車以載，積中不敗也」。

〔論述〕

〈一〉：「䷡雷天大壯卦」：「六五」爻，乃下四互地位卦：「䷀乾天卦」上之陰爻，觀「䷡大壯卦」綜覆四重卦：

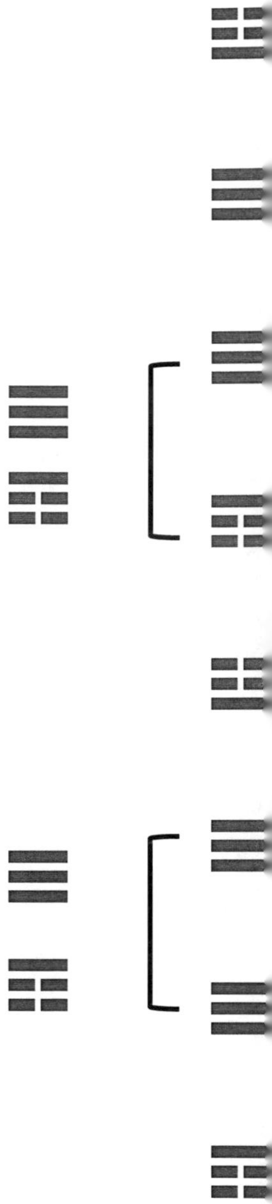

綜覆皆呈顯出：「䷠天山遯外」。

〈二〉：「䷡大壯卦」之三才卦：

①：上四互天位卦：「䷵雷澤歸袂卦」。

中四互人位卦：「䷪澤天夬卦」。

下四互地位卦：「䷀乾天卦」。

②：卦之「天位卦」為「䷵歸袂卦」與

「四重卦」的「䷠天山遯外」，兩卦對比：

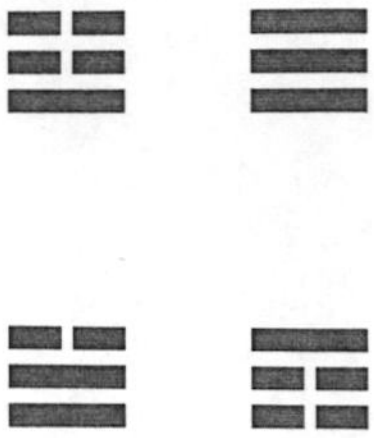

四重卦綜卦為「大」，為先。

天位卦為「小」，為後。

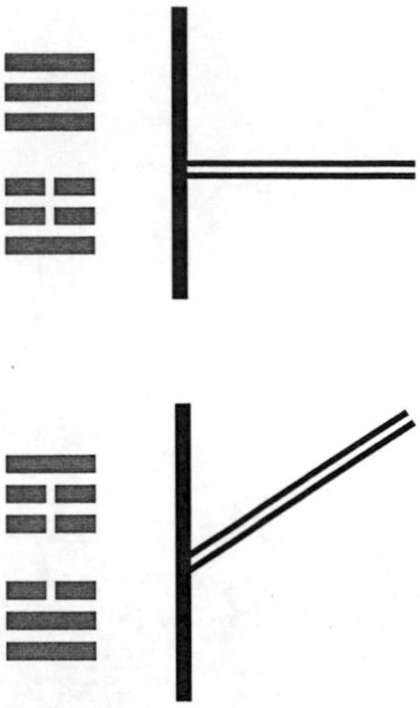

天雷无妄　山澤損

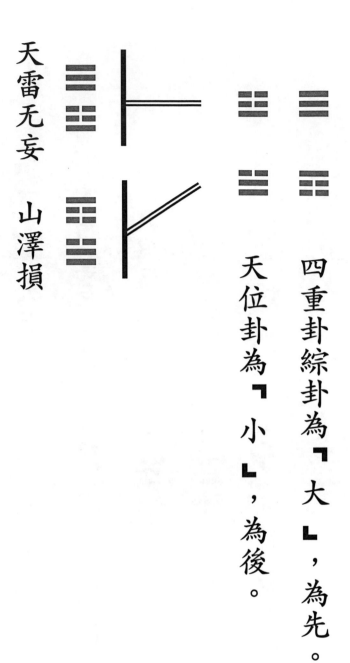

③：「䷘ 无妄卦」卦辭：「无妄，元亨利貞，无妄，其斐正，牖道，利有攸往」。象曰：「天下雷行，務輿无妄，挈往迤袲，兑頤載育萬物」，〔本論天象辭〕。

④：「䷨ 損卦」，卦辭：「損，有孚，元輯，務就，致臻，利有攸在，闔致用于規矩，噬嗑，亨貞牑籍」。象曰：「山下有澤，損，均咨倚承紛致寓」。

⑤：由「䷡大壯卦」所變易之卦相，已呈顯「喪陽」以「遯于大輿之輹」，且：「務輿无妄」，「損之以：承紛致寓」。

⑥：「䷡大壯卦」卦相變易其「天相」，已顯現其：「九四爻」：臻輯，彙往，藩較(ㄐㄩㄝˊ)埠盈，壯于大輿之輹(大有卦之大車以載)。

⑦：觀其卦象倚用其辭，故「☳☰大壯卦」卦解其卦相變易，乃「四隅」謂之「陰」，大有卦四正位謂之：「陽」，「☳☰大壯卦」行歷九四爻辭已：壯于大輿之輹，故其「六五」乃「喪陽隅弋，逶埠亶治」，〔逶：逶隨〕。

⑧：其「喪陽」乃謂其居「歸藏易圖」的「四隅位」，失了「正陽位」，而「䷍大有卦」居「四正陽位」，解其卦相可觀見其相。

四重卦：䷍ 火天大有　䷌ 天火同任（同仁卦）

四重卦：䷍ 雷天大壯 ䷡　天山遯 ䷠（遯于其內）

〈三〉【對比論】：

「伏義先天六十四卦相」，每一卦辭皆有「卦象變易之理論」于「不同卦理卦相中，可觀其卦與卦之連結關鍵法理」，由「解卦」之「變卦」中，可觀見「六四卦相」有「數理變化」伏藏于：「連山易圖」。

〈四〉

：「先天六十四卦」皆只「陰」、「陽」兩爻，用「三」成一單卦，用「六」為一大成卦，三三則九，六六則十二，卦相推演數據之變涣法則，不可悖離「隨卦四十一法要定律」，方能於解卦相變卦中觀見「六十四卦相」是「宇宙乾坤大學理論」。

〈五〉：【本論】：已將「六十四卦相」卦相變渙數理法則與理論，編輯「天象」用辭，並於「六十四卦天相辭中」，解釋卦相與連山易圖的數字變渙原理，六十四卦每一卦，皆有「天象」理論，且譯于「本論天象用辭」。

〈六〉：䷍大有卦「四正位」為「陽」。

䷡大壯卦「四隅位」為「陰」。

與「羊」無關。

〈七〉：「連山易圖」伏藏著卦相數據變渙法理。

〔易經原辭〕

◎䷡大壯卦上六爻辭（節錄易經講義）。

上六，羝羊觸藩，不能退，不能遂，无攸利，艱則吉。

象曰：不能退，不能遂，不詳㊀也，艱則吉，咎不長也。

〔新註〕

㊀詳：審慎。（程傳）

〔新譯〕

上六以陰在震動之終，而又當壯之極，是太過了，如雄羊恃剛壯以觸藩籬，進就礙身，退就妨角，進退皆不可能。陰柔不能終其壯，有摧必縮，所以不能遂成其事。這不能有利於進用。遇到艱困以柔處而不用壯，則吉。小象說：既不能退，又不能遂，此用壯不審慎啊。艱困則吉，過咎不可增長啊。

〔集註〕

船山易內傳：陽長陰將退矣，上六恃六五之得尊位，而已思藉之以安，有不欲去之象，而下望九三之應己，乃三既為觸藩之羊矣。上系戀觀望而不能退，陽已壯而四方尚往，固不能遂其固位之志，无攸利矣。惟其柔而不爭，之艱難以決於退，則可吉。不詳，謂不審時度德。咎不長者，退而不犯難也。

本論天象辭：以本論為準

【本論：天象上六爻辭】

【本論】

〔䷡雷天大壯卦上六爻辭〕：締央蹴藩，埠能兑，埠能遂，務有利，堅，輒，輯。

象曰：「埠能兑，埠能遂，埠翔治，堅輒輯，轇(ㄐㄧㄡ)埠，藏治」。

【註釋】：

〈一〉：卦辭：

①：「締央，蹴(ㄘㄨˋ)藩(ㄈㄢˊ)，埠能兌，埠能遂，務有利，堅輒輯」。

〈二〉：〔解〕：上六：

①：「締央：締結，同盟於同一中心軸轅，曰：締央」。

②：「蹴(ㄘㄨˋ)」：一蹴而就」，亦有謹慎完成之意。

③：「藩(ㄈㄢˊ)」：藩昌：繁榮旺盛」，昌永。

④：「埠能兌」總埠整體運作，能夠作用到相互締央

之「兑現」（實現）

⑤：「埠能遂」且通達無礙，各遂其屢履。

⑥：「務有利」務實顯有達到個體系統星系運行自如的利益，〔有：存在著〕。

⑦：「堅輒輯」總埠之堅固剛健，護守到」。輒（ㄓㄜˊ）：車的周邊外圍，曰：輒輯，喻：總埠兌、遂、藩、利，其堅固護集到周遭範圍內相互運轉的所有星系利益，曰：「麬輒輯」。

〈三〉：象曰：「埠能兌，埠能遂，埠翔治，堅輒輯，轇(ㄐㄧㄡ)埠，長(ㄓㄤˇ)治(ㄧㄝˇ)」。

【解】象曰：

①：「埠能兌」：埠：軸轉中心運轉。

②：「埠能兌」能元量可以兌現運轉的大有、大壯能原量。

③：「埠能遂」總埠能夠整體運作遂行。

④：「埠翔治」埠：喻已型成規範的宇宙總整體相，

「翔」：在䷀乾天大太空中運轉翔行。

〔星系皆磁孚乾天中。翔：即：磁孚〕。

⑤：「埠翔治」：埠翔於「䷀乾天大太空中」，以「☳震雷動所產生源源不絕的能量」，造就整個大星系整體翱翔（ㄠˊ ㄒㄧㄤˊ）自在運行於宇宙大太空間。

〔註〕：䷡大壯卦，即卦相：☳雷卦，震翔於「☰乾天」之上，顯示：「天外尚有天」。

⑥：「堅輒輯」堅固強健極致四面八方至一整體相之總輯。

⑦：「轇（ㄐㄧㄡ）：交錯縱橫且寬廣遼闊」，埠（ㄅㄨˋ）：「轇埠」：為一方宇宙之大整體相。

⑧：「長(ㄓㄤˇ)冶(ㄧㄝˇ)」：仍然在運轉中持續拓展成長與「創建造就其」、「轇(ㄐㄧㄡ)輯(ㄐㄧˊ)」：持續擴展編輯，曰：「轇埠，長冶」，〔ㄐㄧㄡ ㄅㄨˋ 。ㄓㄤˇ ㄧㄝˇ〕。

【論卦】：

䷡大壯卦爻相與卦爻辭相互繼繫：

〈一〉：「䷡大壯卦」初九阳居阳位，居正位，本論初九爻：「壯于砥(ㄉㄧˇ)或(ㄓˇ)，臻穹」。牖輔(ㄈㄨˇ：即四隅卦為輔卦)，象曰：「壯于砥(ㄉㄧˇ)」，其輔穹治，正居阳位，輔穹治。

〈二〉：九二爻雖居不正位(阳居阴位)，然其與「初九」、「九三」、「九四」等四爻朋鄰彙萃，成「☰乾天卦」居「䷍大有卦」的「地位卦」，以彙萃同類而朋。本論：「臻輯」即應九二卦相，以「臻輯」應「初九」：「其輔穹治」，而「九二爻」先彙萃下四爻，又向上「當應六五」，故九二象曰：「九二臻輔，倚中也」。

〈三〉

：「九三」爻辭：「校茬，用壯(強盛剛健)」，「均咨，用網(ㄨㄤˇ：罔)，網羅四面八方衡恒往來」，「九三爻」居正位，彙萃下☰☰乾卦立呈「校茬(ㄐㄧㄠˇ ㄖㄢˇ)均咨」，向上「正應上六提網領挈」，共構為「宇宙各星系網羅辭聚之各大小星系立呈」。

〈四〉

：「九四」本論：「臻輯，彙往，藩(ㄈㄢˊ)較(ㄐㄩㄝˊ)埠盈，壯于大輿之輹」，顯現「先天八卦圖」各十方、十界、十度空間，已經「立定中心軸輹」，且「藩，較(ㄐㄩㄝˊ)埠盈」埠盈乃「先天八卦圖」立定八方，合「上」與「下」，合呈「十方宇宙世界」均衡往來各方宇宙世界「來」、「往」交互之「異同」與「同異」世界。

〔註〕：異同：不同位之星系場。

〔註〕：九四為「承乘」之「退爻」，承「九三爻領下☰乾卦上乘」呈顯「地位卦」完整「下四爻」互約為「䷀乾天卦」，且「比應陰阳」與「六五當應」，「䷍大有」人位卦為：「䷪夬(決)卦」，決斷立定「規矩」之卦，應于：「天位卦：䷵歸妹卦」，彙萃成一完備範疇。

〈五〉：「六五爻」本論：「喪阳隅弋，務彙」：

「六五」本為「阳位」，阳位居阴爻，故曰：「喪阳」，「隅弋」：隅是四隅皆阴，乃輔「大有卦大車以載四正位併合同軸」，

「弋㈡：獲得：獲取四隅之位」同于軸轂，
曰：「喪阳，隅弋，務彙」。

◎易卦陰陽各有數術：

〔註釋〕：

〈一〉：阴代表偶數：二、四、六、八、十。

〈二〉：阳代表奇數：一、三、五、七、九。

〈三〉：本論易繫上九章。

①：「天數五，地數五，五五相得而各有合」。

②：「推演之數五十，奇七自十有九（十九年有七個閏月），歸奇於扐（ㄌㄜˋ）以象閏（ㄖㄨㄣˋ），五歲再閏，故而再扐而後閏，數七七四十有九，陰陽分而為二以象兩，卦一以象三，揲之以四以象四盈」。

③：「是故十有八變而成卦，四盈而成易，八卦而小成，引而伸之，觸類而長之，萬象致能事，畢履，顯道伸得衍，是故，可與酬酢，可與互萃治」。

④：此是講時空行曆，非講占卜法。

〔註〕：「六五」與「九二」阴阳不正位，然「阴阳當應」，無礙，阴阳當應於「中位」，下有「初九」，上有「上六正應九三爻」，乃「提綱挈領」。

〈六〉：上六：「締央，蹴(ㄘㄨˋ)藩(ㄈㄢˊ)」埠能兑，埠能遂，乃「通達无礙，兑現遂行」，「務，有利，堅(堅強剛健)」輒(ㄓㄜˊ)：車旁兩端，即喻「堅固至外圍之隅」。

輯：堅固至外圍致「極聚」，乃：堅實剛毅。

〔註〕：上六爻正應九三爻，兩爻皆「上」、「下」卦之「天位」提綱挈領之上爻，陰、陽正應，故「堅，輒輯」，象曰：埠能兌，埠能遂，埠，翔治，堅輒輯，轇(ㄐㄧㄡ)：交錯縱橫，寬廣遼闊，聚萃各有軌儀範模，「轇(ㄐㄧㄡ)，埠，長(ㄓㄤˇ)：持續拓展成長」，「治(ㄧㄝˇ)：創建造就，曰：轇(ㄐㄧㄡ)，埠，長(ㄓㄤˇ)，治(ㄧㄝˇ)」。

論綜合卦象擘繫互趁

〔論〕：大有卦四正位，大壯卦四隅位，合併八卦圖。

〔論一〕：「䷍大有卦」與「䷡大壯卦」兩卦「伏羲之卦相」：

〈一〉：「䷍大有卦相」在「☰☰☰☰乾天大太空間」，乃「95％」的「萬有物質元素絪縕五行合十的大太空間」，為「隱相空有」。

〈二〉：「䷡大壯卦」是：「有可觀見的宇宙星系萬象中，有實體相的物質與有顯相的第四度實有空間」。

〈三〉：「䷂屯卦」積屯至極而產生：「類萃阴阳物質元素相互正應」，故迤衍「䷍大有卦」的「四正位」，阴阳當應產生「䷡大壯卦」的「四隅位」，共構：「先天八卦順、逆」之「外八卦」與「內八卦」，宇宙「十方」、「十界」、「十度空間」，乃即濟呈相。

〈四〉：「伏羲聖人」徹通宇宙萬象，以「地球」日轉廿四小時的時候，于「中土：中國」創作出所有萬象規範有規矩于：「先天六十四卦相中，圓道周流，循環往復的定律規矩圖」。

〔論二〕：亦創建有「十度空間」世界於「顯」、「隱」磁波場中俱足萬象。

〈一〉：「宇宙間之大星系不可計量，稱：十方」、「十界」，而「十方」、「十界」乃「各有間隔分界與制限」，唯「磁波」互與相應，即：「六應法」之「外應」。

〈二〉：諸十方、十界，于「伏羲先天六十四卦規矩圖」中，乃「䷻節卦」有「制、數、度」之「隔：間隔(ㄐㄧㄢ ㄍㄜˊ)」，「本論之：伏羲六十四卦相辭」，全部以「卦象」天象學理論述，為有

「規矩定律」之「道、理、法」三和而同論六十四卦天象學理法則。

〈三〉：「十度空間」為「瞬移十方、十界」，以「簡易」之能量，架構于：「空有」之「三和體象」，有三和：「靈、覺、識、需」之一切體相，乃八卦第四度☳震卦空間，是：「唯物」世界，而其他空間亦分列期間，各俱有象。

〈四〉：「☲☰大有卦」、「☳☰大壯卦」由「連山易四正圖」，共構「歸藏易，即：大壯卦四耦圖」，架構宇宙星系牖于：「十方、十界、十度空間」之隔(ㄐㄧㄝˊ)中，共孚用酌，各有酬酢。

《2A圖：先天八卦運循圖》

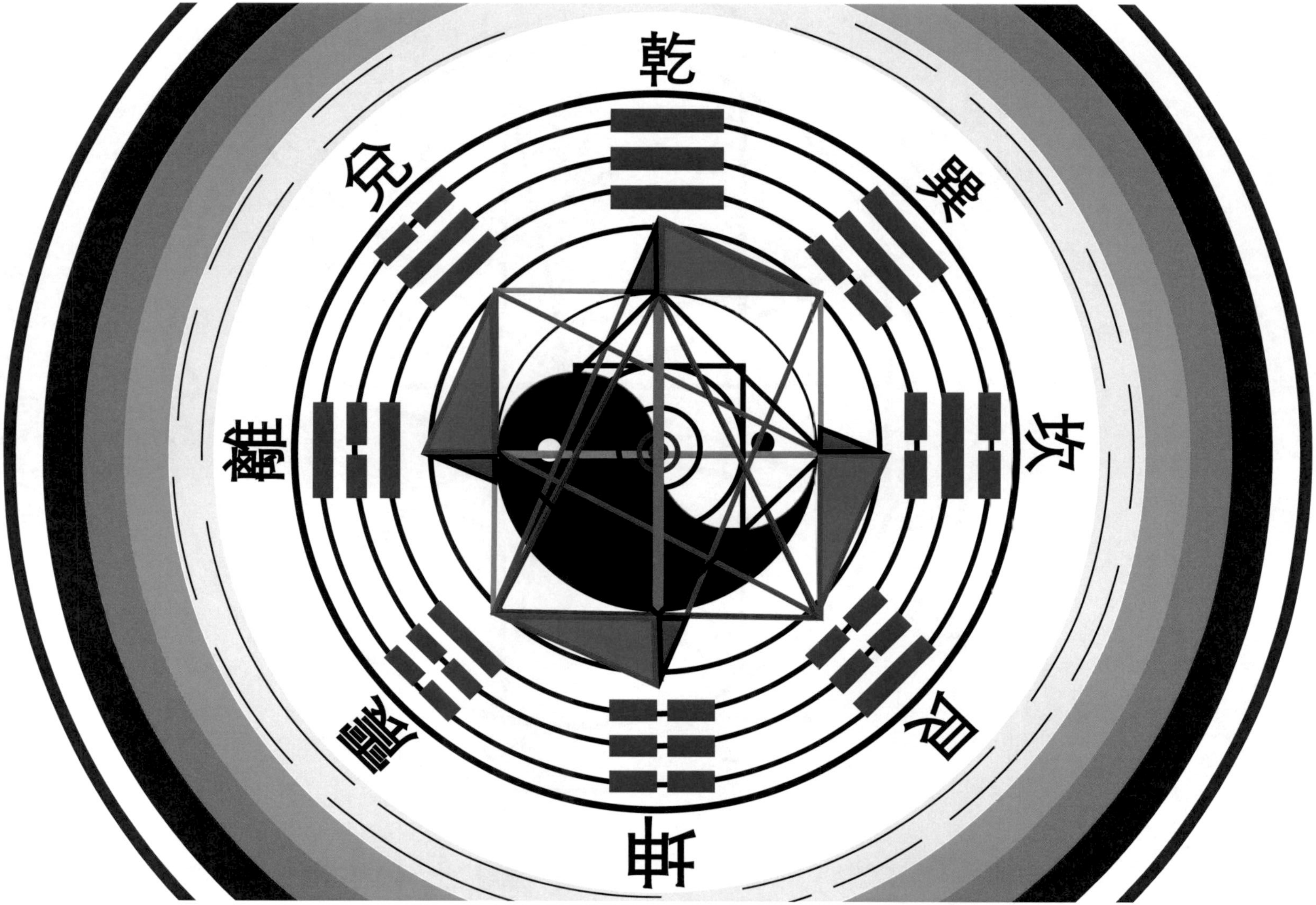

《ＡＦ圖示》

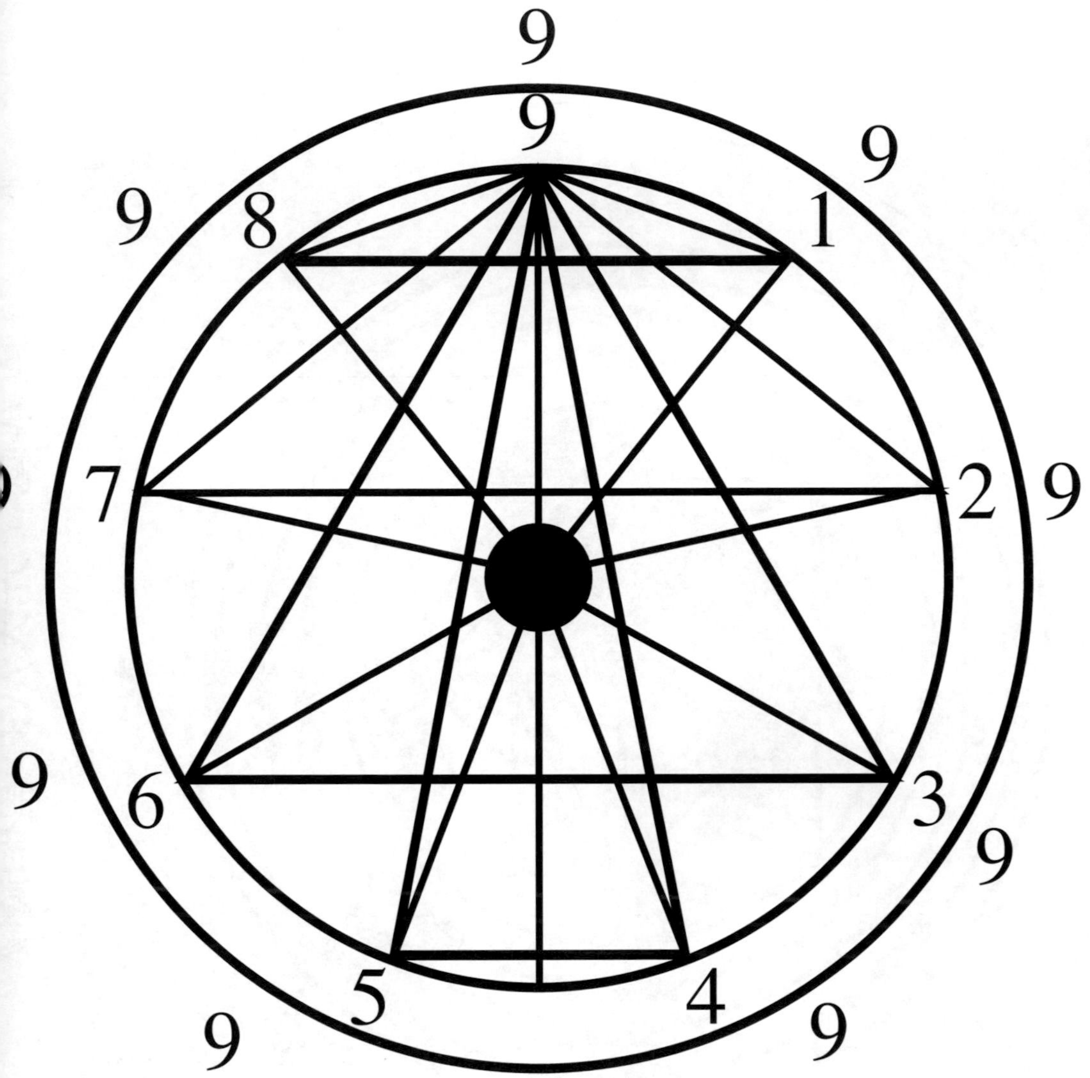

【AF圖釋】：

〈一〉：「九」即「五」，每一卦六爻，上爻為「天」，初爻為「地」，「連山易圖數字」用「九」為「極」，對加皆為「九」，「九九：八十一」，

而「卦只用八」，「五」入中宮，「八于外構整體相」，故「八不入中宮，只居於：外」，且「八」為「連結之數。居外不入中位」。

【AF圖解數】：

①：數右邊1234，「五」回到「九」之位。

②：數左邊8765，「五」回到「九」之位。

③：故「卦相學理」以「連山易圖」成立：

「十有八變而成卦」與「四盈而咸易」，

乃八卦數字變渙「用十」之法則。

〈二〉：卦數有「十」，「五五入中宮」陰阳相得而各有

合，即濟「八卦相錯于ZA圖而互構磁孚對」，

故「四正」、「四隅」立呈八卦。

〈三〉

：「AF圖示：連山易 S 圖變渙成九九八十一數，81：8+1：9」共有「十個 9」，「九」則「歸1」，五、十入中宮原圖有「十數圖」變渙于「內八卦」，五五于中，「三」、「四」互七，「1 3 5 7 9與11連繫用六」，「六變十二」，AF圖外圓成：「十天干」，二圓圈成十二地支，「十天干與十二地支共構六十進位法則」。

《AG圖示》

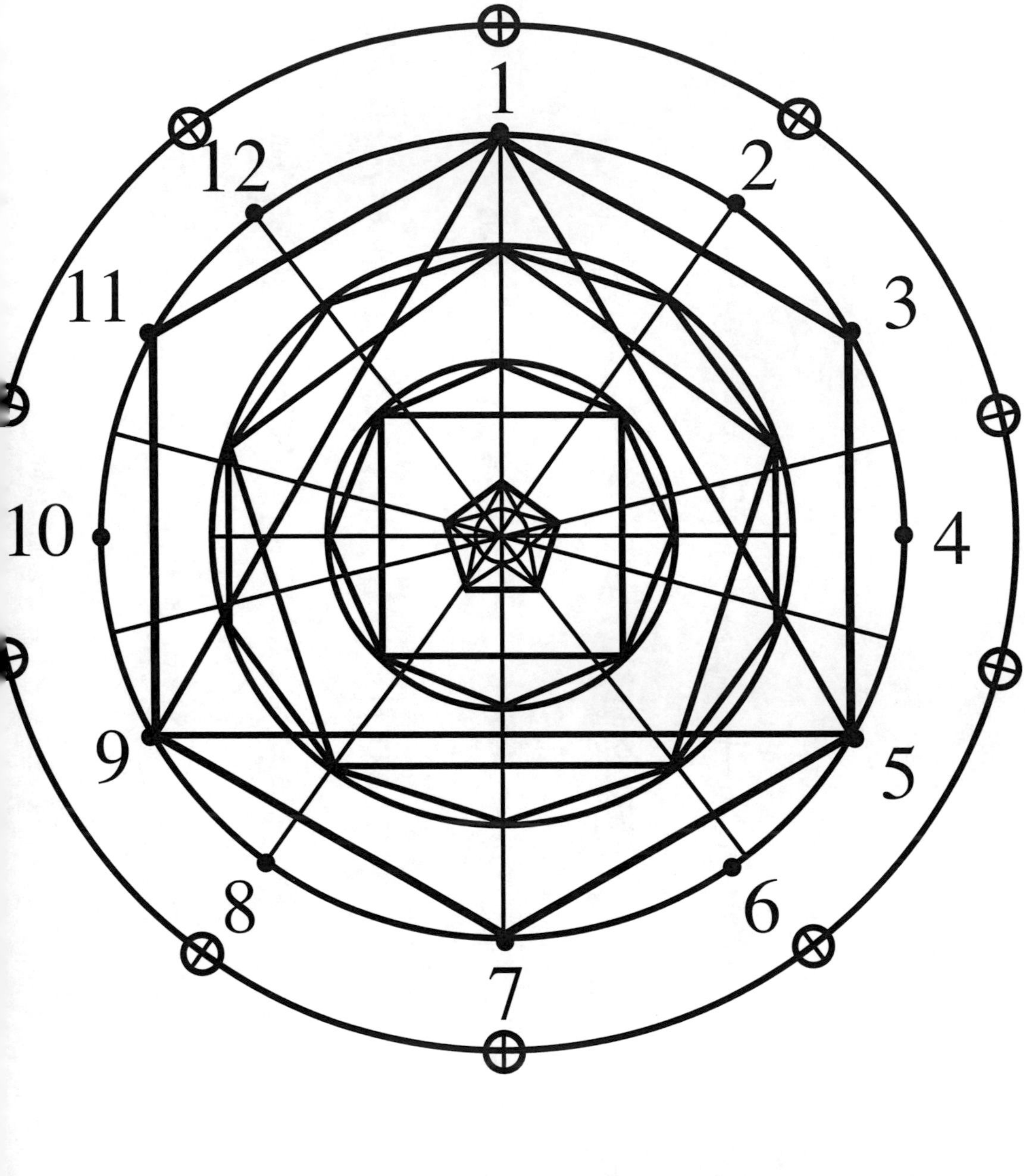

〔註〕：四五六乃下頁AG圖釋

〈四〉：17中軸立定「太極中心點」成：「時間中軸(即內五角型)」，運動「向內之空間場磁孚」，由「向外之時間軸運轉互磁孚一大星系」於「☰☰乾天大太空內」之「☴巽天大太空間」。

〈五〉：「十二數」亦呈現「阳十二數」與「阴十二數合」阴阳相得二十有四」。

〈六〉：「三點定軸于：上、中、下」，四點定位于：「1 4 7 10」，乃「立定星系共構磁孚」的「地球自轉廿四小時」與「宇宙同步」。

〔論〕：

伏羲先天六十四卦相，每一卦相皆有數張「星系磁孚變渙圖」，每一卦都有每一卦象所象徵的「卦相規範」，于：「十度空間中互呈磁孚能量波頻率」，謂稱「隱象磁互」，「非僅存在星系運轉儀軌之中」，更存在「䷀乾天空有的95%大太空間」，貞籍分列之「個別星系，有規矩衡恒運行乾大空間」。

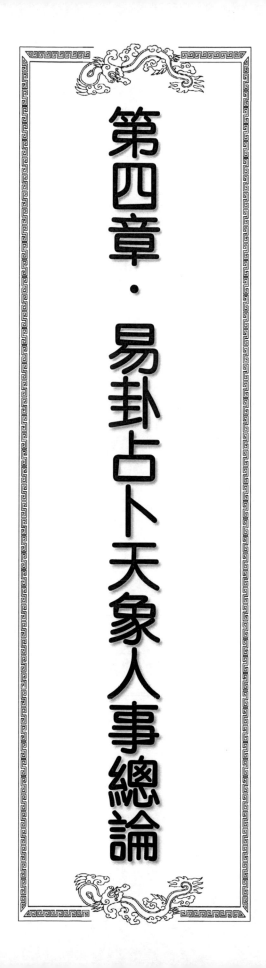

第四章・易卦占卜天象人事總論

〔卦相變渙法則〕：

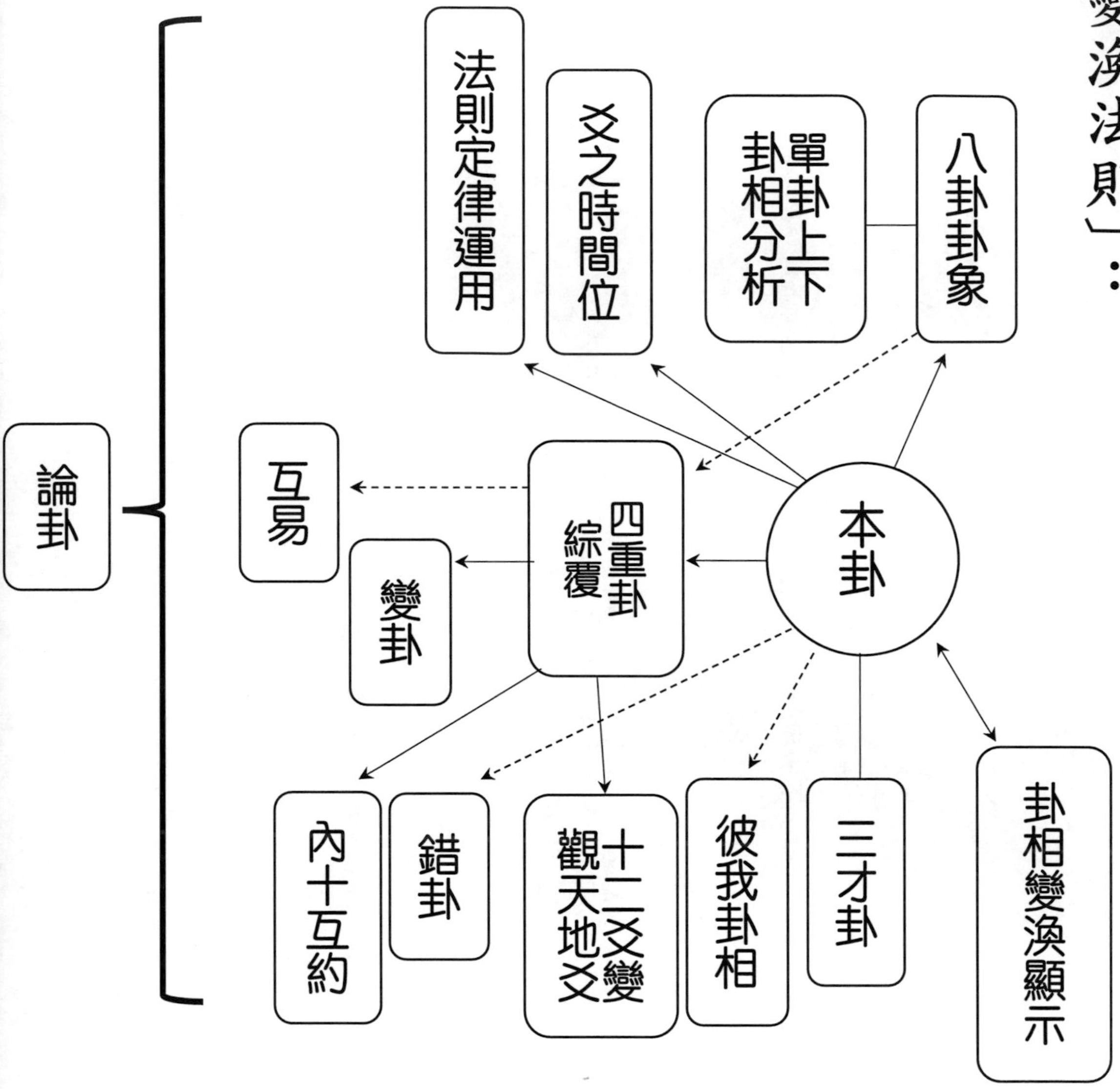
法則定律運用
爻之時間位
單卦上下卦相分析
八卦卦象
論卦
互易
四重卦綜覆
變卦
本卦
卦相變渙顯示
三才卦
彼我卦相
十二爻變觀天地爻
錯卦
內十互約

〔陰陽相對屬性對照表〕：

屬性

- 金性
  - 陽—剛毅果斷△
  - 陰—專制寡情▲
- 木性
  - 陽—寬厚仁慈△
  - 陰—嗔恨嫉妒▲
- 水性
  - 陽—沉靜聰明△
  - 陰—陰險多術▲
- 火性
  - 陽—熱情好義△
  - 陰—執拗暴躁▲
- 土性
  - 陽—量宏懷寬△
  - 陰—厚顏無恥▲

△陽之常態　　▲陰之變態

對比

- 有無﹀生
- 難易﹀成
- 短長﹀形
- 高低﹀傾
- 聲音﹀和
- 前後﹀隨

統一

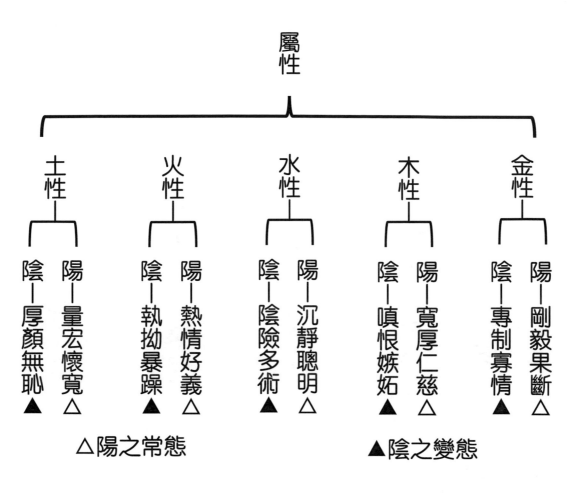

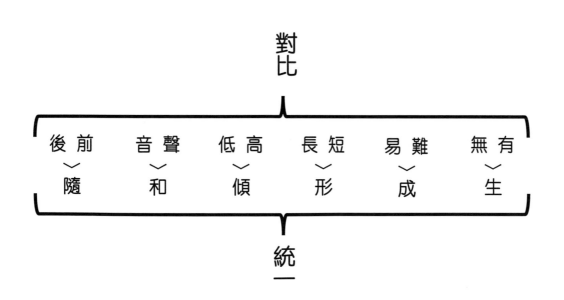

〔八單卦卦象及取象歌〕：

八單卦卦象

☰ 乾卦
☱ 兌卦
☲ 離卦
☳ 震卦
☴ 巽卦
☵ 坎卦
☶ 艮卦
☷ 坤卦

八卦取象歌

☰ 乾三連
☷ 坤六斷
☳ 震仰盂
☶ 艮覆碗
☲ 離中虛
☵ 坎中滿
☱ 兌上缺
☴ 巽下斷

〔八單卦象徵表〕：

	乾 ☰	坤 ☷	震 ☳	巽 ☴	坎 ☵	離 ☲	艮 ☶	兌 ☱
自然	天	地	雷	風	水	火	山	澤
人間	父	母	長男	長女	中男	中女	少男	少女
屬性	健	順	動	入	陷	麗	止	說(悅)
動物	馬	牛	龜	鷄	豕	雉	狗	羊
身體	首	腹	足	股	耳	目	手	口
方角	西北	西南	東	東南	北	南	東北	西

八卦數例與先天八卦圖

乾一
兌二
離三
震四
巽五
坎六
艮七
坤八

《先天八卦圖》

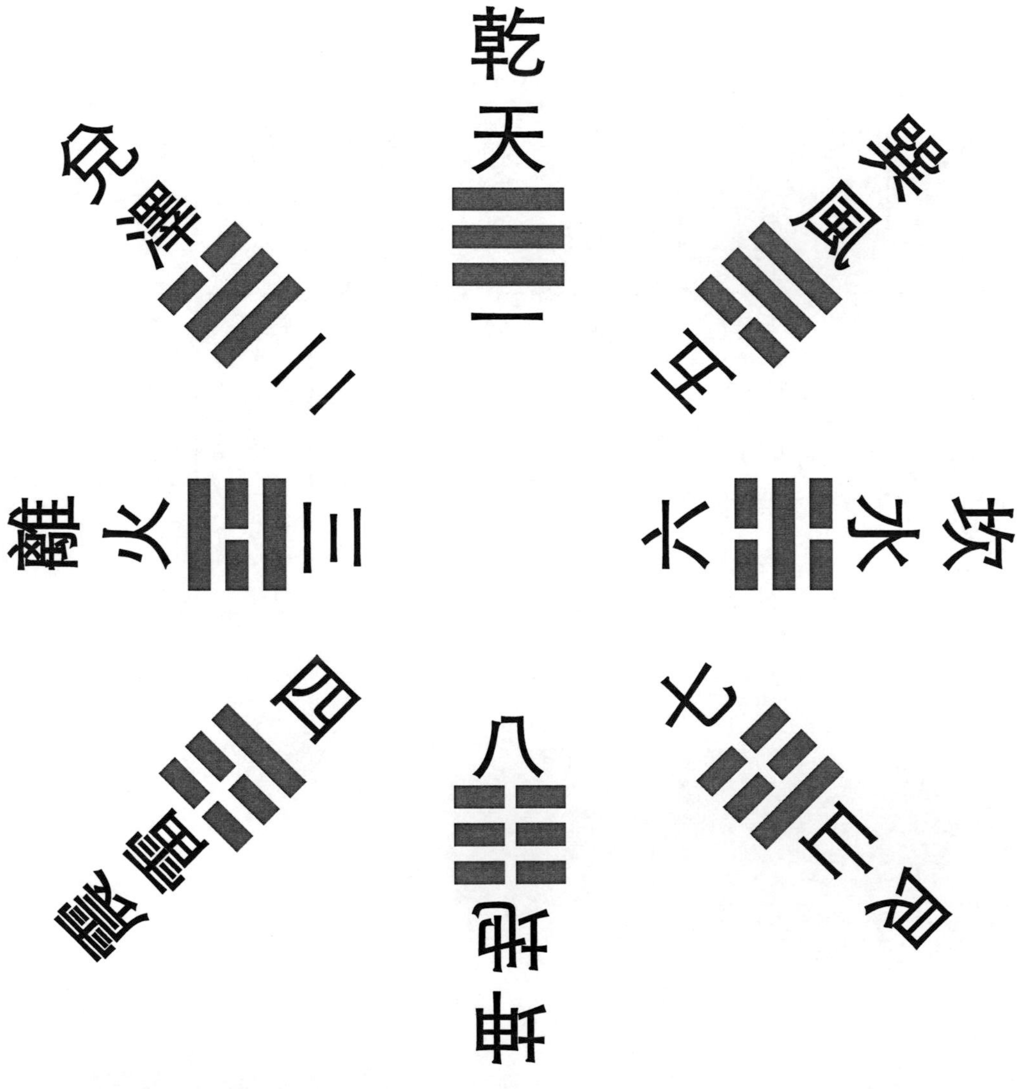

〈一〉五行生剋速見表：

⑨金生水，水生木，木生火，火生土，土生金。

⑩金剋木，木剋土，土剋水，水剋火，火剋金。

《五行生剋速見表》

五行相生相剋

生　生　生　生　生

金→水→木→火→土→金

剋　剋　剋　剋　剋

金→木→土→水→火→金

〈二〉天干地支之五行與生肖：

天干	甲	乙	丙	丁	戊	己	庚	辛	壬	癸
五行	木	木	火	火	土	土	金	金	水	水

地支	子	丑	寅	卯	辰	巳	午	未	申	酉	戌	亥
五行	水	土	木	木	土	火	火	土	金	金	土	水
生肖	鼠	牛	虎	兔	龍	蛇	馬	羊	猴	雞	狗	豬

〈三〉四季月令表：

孟春正月建寅	端月
仲春二月建卯	花月
季春三月建辰	桐月
孟夏四月建巳	梅月
仲夏五月建午	蒲月
季夏六月建未	荔月
孟秋七月建申	瓜月
仲秋八月建酉	桂月
季秋九月建戌	菊月
仲冬十一月建子	葭月
季冬十二月建丑	臘月

〈四〉四方定位：

東方甲乙寅卯──木，應乎正、二月，居於震宮。

南方丙丁巳午──火，應乎四、五月，居於離宮。

西方庚辛申酉──金，應乎七、八月，居於對宮。

北方壬癸亥子──水，應乎十、十一月，居於坎宮。

中央戊己辰戌丑未──土，應乎三、六、九、十二月。

子、午、卯、酉為四正，東、南、西、北為四方。

〈五〉四季運轉與五行旺相：

春、夏、秋、冬為四季，又稱四時。日月寒暑交替運行，永不停止，而產生五行之生剋。如下：

1. 論四時五行：

(1) 甲乙寅卯木旺於春。
丙丁巳午火旺於夏。
庚辛申酉金旺於秋。
壬癸亥子水旺於冬。
戊己辰戌丑未土旺於四季。

(2)

春木旺、火相、水休、金囚、土死。

夏火旺、土相、木休、水囚、金死。

秋金旺、水相、土休、火囚、木死。

冬水旺、木相、金休、土囚、火死。

2. 五行旺相休囚死速見表：

	旺	相	死	囚	休
春	木	火	土	金	水
夏	火	土	金	水	木
秋	金	水	木	火	土
冬	水	木	火	土	金
四季	土	金	水	木	火

〈六〉十二時辰速見表：

上午

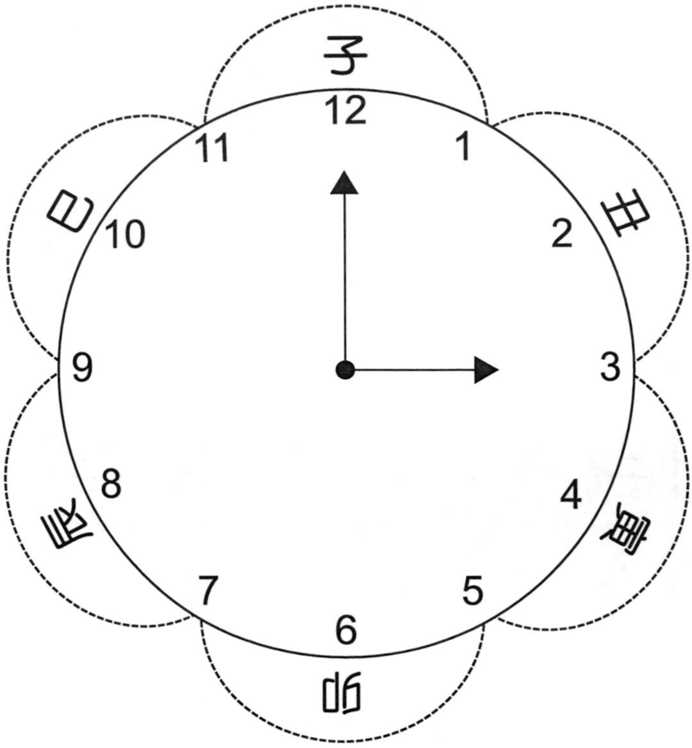

下午

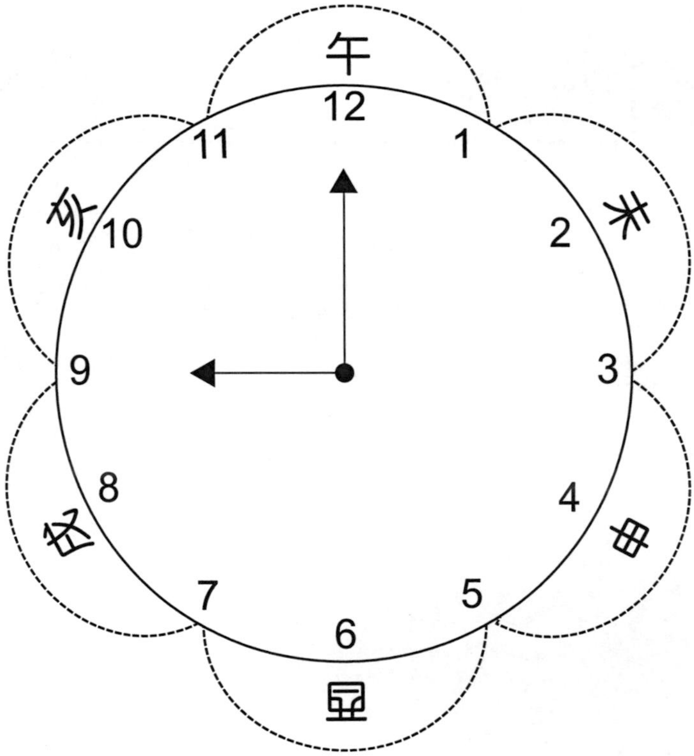

【八單卦的象徵意義】：

㈠：☰ 乾、天

◎月令以陽曆廿四節氣月令。

陽曆季節—從十月上旬寒露至十二月大雪的二月間。

時間—十八時至二十一時。

天象—晴天、太陽、天空、乾旱、嚴寒、為寒、為冰。

人物—父、祖先、主人、長輩、老人、宰相、夫、上司、官吏、資家、神明、剛健的人、總經理、軍人、有威嚴的人、君子、援助者、中心人物、有影響力者、經營者等。

人體—首、頭、左肺、脊髓、骨。

疾病症狀—高熱、肺病、頭昏、腫瘡、腦溢血、便秘神經系統疾病、頭痛、高血壓、急劇性疾病。

市場行情—上漲、騰貴。

場所—都會、首府、寺廟、官衙、名勝、廣場、郊外、運動場、競場。

動物—龍、獅子、虎、鯨、象、馬：(龍、蛟)

植物—常綠樹、杉、松、樹木的果實。

雜物—堅硬之物、圓形物體、覆蓋物、高價物品、活動物體、巨大物、鏡、鐵、礦物、米、齒輪、寶石、貴重金屬、大廈、汽車、機械、果實、通貨、鐘錶。

性情——工作熱心、能掌握大局、獨立性強、很重現實、善於交友，但樹敵亦多、個性活躍、領導能力強、風度翩翩，為人風趣。

其他——信仰、大、充實、圓形、競技、活動、繁忙、膽量、果斷力、堅固、健康、戰爭、懷胎、過份、超出預算、政府、施行、藏、氣力、抽象、錢正面。

人事──剛健、武勇、果決、多動少靜、高上屈下、佔有慾強烈。

出行──利於出行、利西北之行、夏占不利。

婚姻──有聲名之家、秋占宜成、冬夏不利。

求財──有利、公門中得財。

交易──成、夏占則不利。

官訟──有貴人助、秋占勝、夏占失理。

二：☱兌、澤

陽曆季節—從九月白露到十月寒露的一個月間。收成時節。

時間—十五時至十八時。

天象—陰時多雲，快下雨、梅雨。

物—太空飛行器、空行飛船、飛碟。

人物—少女、娼妓、酒吧女、銀行職員、歌星、翻譯人員、發起人、放款人、非處女、妾。

人體—口、肺、呼吸器、女性性器官、齒、言。

疾病——肺病、呼吸器官疾病、性病、婦女病、跌打損傷、言語障礙、口腔內疾病。
方位——西、右、右白虎位。
人事——喜悅、飲食、口舌、毀謗、色情、一時中止、缺三分之一、斷損、妖豔。
市場行情——價格低
場所——沼澤地、娛樂場、食堂、凹地、講習會場、咖啡店、銀行、低窪地、水邊、鳥屋、廚房、花街柳巷、池、谷、湖、山崩地裂之地。
動物——鳥、河魚、羊。

植物—秋季開花的七種草(荻、葛、雄花、瞿麥、女蘿蘭草、桔梗)、生薑。

雜物—紙幣、食物、刀劍、有缺口之物、玩具、鷄肉、鷄肉飯、甜酒、咖啡、鍋、鋁水桶、撲克牌、星、扇、口香糖、樂器、金類品、瓷器、人造人屬、碟型物。

婚姻—秋占可成、利少女、不利中女：二次婚。

求財—有損、有口舌、秋占無損、夏占不遂。

官訟—曲直未決、因公事有損。

性情——性格爽朗而且愛慕虛榮、有常識、有自滿於小成就的傾向、情慾強烈、容易受誘惑、口才好而且機敏、講究享受、易聽信人言、性格不剛強。

其他——經濟、金融、利息、口才、口角、戀情、笑、色情、一時中止、封套、缺三分之一、折斷、彎曲、妖豔、喜悅、口令。

㈢：☲離、火

陽曆季節——從六月上旬芒種至七月上旬小暑的一個月間。太陽南回、陽光烈之時，為陰陽分歧點，從陰陽兩作用的分界而言，有別離意味。

時間——九時至十二時。

天象——晴、日、電、火、熱能量。

人物——中女、教師、美人、藝術家、文學家、推事、美容師、設計師、學者、消防人員、演員、知識份子、高科技、文明。

人體——心臟、眼、臉部、陽性細胞。
疾病——心臟病、眼疾、高熱、灼傷、便秘、頭暈。
市場行情——上漲。
方位——南、朱雀位。
場所——美容院、圖書館、火災後的廢墟、燈塔、法院、劇場、資料館、裝飾品店、藥局、文具店、學校、噴火口、瞭望台、教會、科技研究所。
動物——金魚、孔雀、螢火蟲、雉、螃蟹、龜。
植物——南天竹、胡桃、楓樹、牡丹、花。

雜物——美麗物品、裝飾品、化粧品、眼鏡、火爐、文書、畫畫、飛器、股份、票據、印鑑、文具、電視、鏡子、槍、刀、蠟燭、火柴、藥品、曬乾物品、照相機、樣本、火槍、長鎗、戈。

性情——注重外表、性情善變、動輒發怒、性急欠冷靜、經常失敗、表面明朗、生性懦弱、有先見之明、才能卓越、如得貴人扶持前途輝煌、求知慾強、重名譽。

其他——精神、學問、教育、公事、先見之明、發現、名譽、尖銳、輝、藝術、離別、炸彈、火藥、戰爭兵伐、爆炸、切割、手術、爭、激烈、美、發明、外觀、

美容、華美、文明、光、理想、表現、記錄、

八面玲瓏之人、法律書、律法、制典、書籍。

人事—文書之所、有聰明才學、相見虛心、分家、

專業科技人員。

出行—可行、宜南方、慎於行舟。

婚姻—利中女之婚(二次婚)、不利少女之婚。

求財—有利、交易可成、立夏。

官訟—已動文書、可明析。

㊃：☳震、雷

陽曆季節——從三月上旬驚蟄至四月上旬清明的一個月間。

太陽遠離，有孕育萬物萌芽之勢。

時間——三時至六時。

天象——晴、雷雨、地震。

人物——長男、青年、廣告、宣傳人員、廣播員、接線生、電氣、與樂器有關的人、勇者、不安份的人、急性子的人、公職人員、獄官、軍警、王侯、發號司令之職、將帥。

人體—肝臟、神經、腳。
疾病—肝臟病、暈眩、歇斯底里症、神經痛、痙攣、百日咳、氣喘、風濕病、突發病症、肌肉痛、受傷。
市場行情—變動、上升。
動物—龍、鳴蟲、龜、雀。
方位—東、左、左青龍位。
植物—檸檬、嫩竹、仙人掌、蜜柑、山茶。
雜物—電器用品、發出聲響之物、樂器、鈴、電話、廣告傳單、燈火、煙火、新潮用品、新品樹苗、壽司、槍。

性情——個性爽朗、善於交際、積極而且早熟、有桃色糾紛、有所偏愛、個性倔強、卻無膽量、性急而且感情化、說話易遭誤解，而且感到痛苦、征伐。

其他——繁榮、發展、爬升、伸長、侵入、希望、奮起、聲音、音樂、鳴叫、雷鳴、動、激烈、喧囂、火災、明朗、新鮮、性急、度、評價、宣傳、廣告、誑語、勇敢、嚇人之物、頻動、波動。

人事——起動、怒、虛驚、多動、宜官職。

婚姻——可成、聲名之家、長男之婚大吉。

求財——有利、求名有利正職。

官訟——有虛驚、反覆之象。
出行——可、宜利東方。

㈤：☴ 巽、風

陽曆季節——從四月上旬清明至芒種約二個月間，陽氣滋生時。

時間——六時至九時。

天象——刮風、不下雨、龍捲風、旋泓。

人物——長女、推銷員、商人、旅行者、來客、郵局工作人員、迷失人、未婚者。

人體——肝臟、呼吸器官、腸、股、食道。

疾病—感冒、呼吸器官的疾病、腸疾、狐臭、性病、流行性疾病、肝臟病、病情忽好忽壞、氣喘、中風。

市場行情—不穩定、有下跌傾向。

方位—東南。

婚姻—大利長女之婚。

人事—柔和、不定、鼓勵、利市交易、迷惑、忌輕率行事。

官訟—速和可無事、不宜糾纏。

求財—有利、不利秋季。

出行—可、老者有疾患。

場所——道路、連絡用道、遠處、機場、海港、電信局、
信箱、郵筒、商店、加工廠。
動物——蛇、鳥、蝴蝶、白帶魚、蜻蜓、海鰻。
植物——竹、木、柴。
雜物——電風扇、螺旋狀物、飛機、木製品、長繩、加工品、
帶、線紙、羽毛、帆、扇、枯葉、麵條、佛香、
香水、繫。
性情——慈祥溫和、樂於助人、說話婉轉、喜歡社交、
果斷力弱、容易喪失好機會、自我認識不夠、
滿腹牢騷、過於自負。

其他——交際、關照、友情、信用、買賣、不定、謠言、遠方、旅行、通訊、迷惑、搞錯、長、飛、說媒、結論、和諧、機警敏捷、風俗、輕率、敷衍、傳遞、波頻、飛碟、旋雲。

㊅：☵坎、水

陽曆季節——從十二月上旬大雪到一月上旬小寒的一個月間。
為等候春天的降臨，必須忍耐準備的堅苦時期。

時間——二十一時至二十四時。

天象——雨雪交加、霜、梅雨、寒氣、月、雲、水氣。

人物——中南、船員、法律專家、思想家、部下、介紹人、
性感之人、盜賊、病人、死者。

人體——耳、腎臟、性器官、肛門、臀部、子宮、陰性細胞。

疾病——耳炎、腎炎、尿道炎、糖尿病、出血、喀血、化膿、盜汗、中毒、酒精中毒、下痢、寒症、婦女病、月經不順、性病、痔瘡、疼痛症。

方位——北、玄武位。

出行——不宜太遠(外國)、防有困陷。

市場行情——下跌、最低價格。

場所——穴、洞穴、水源地、瀑布、河川、污水、水利局、井邊、洗間、酒店、地下、內側、後門、寢室、等候室、海中、北極、運補、輸送、暗昧處所。

動物——魚、貝類、狐、豬豕。

植物——絲瓜、水草、水仙、蘿蔔、紅梅。

雜物——食用水、泉、飲料、牛乳、汁、醬油、酒器、海苔、豆腐、菜、毒藥、針、筆、弓、水晶、石油、環、酒、車、舟、矛、箭矢。

性情——不圓滑、有怪癖、講求面子、面惡心善、注意力集中、熱心、爲達目的不顧不切、勞碌而且神經質、不知變通、意氣用事、自傲、喜獨處。

其他——濡濕、創始、沉沒、潛入、流轉、煩惱、勞苦、貧困、孤立、障礙、疾病、性交、隱情、私奔、秘密、幽會、裏面、睡眠、鎮靜、親愛、親睦、連絡、法律、思考、計謀、狡猾、黑暗、寂寞、儲屯、補給、運送、儲屯、大型航器、弓輪矯揉之物。

婚姻──大利中男之婚。

人事──險陷、卑下、外示以柔、內序以利、或隨波逐流。

官訟──不利、困陷。

求財──利水產攸關生意有利、行舟車運有利、不利土地合夥投資、置產可、週轉有困難。

㈦：☶艮、山

陽曆季節—從二月立春至三月上旬驚蟄的一個月間。由冬入春的變化時期。

時間—零時至三時。

天象—陰、迷矇。

人物—少男、繼承人、家族、親戚、同業者、革命家、頑固者、高尚之人、奇特之人、貪心之人、警備人員、飯店工作人員、倉庫管理人員、後繼者、礦業人員、監獄監管人員。

人體——關節、背部、鼻、手指、男性性器官。
疾病——關節痛、骨折、鼻炎、腰痛、血氣不順、脊椎骨的疾病、跌打損傷、脾臟疾病。
市場行情——漲停板。
場所——城、石牆、土堤、山岳、山林、閣寺、高山、高地、宿舍、旅館、倉庫、小庫房、二樓、階梯、拐角、走廊、門、出口、椅子、山路、境界、貯藏所、橋、丘陵、家、囚獄、檻、防空洞、山內建築物。
動物——狗、有牙齒之動物。
植物——百合、桃、李、藤蔓、瓜果。

雜物——不動產、門、小石、桌、倉庫物品、牛肉、鹹魚子、藤生物、纏住、山芋、高級甜點心。

人事——阻隔、守靜、進退不決、背叛、止住、不可見謁、改革、關店、儲蓄、慾念、遭拒絕、堅固、復活（火山、植被）、糾纏、再起、頑固、交易難成。

求財——利山耕與山地買賣、其餘無利或小利。

婚姻——利少男之婚、其他有阻隔難成、遲滯之象。

官訟——牽連不絕、阻滯、終可解、忌有牢獄之災。

出行——宜陸、勿遠行。

性情——做事穩健且受長輩提攜、在實業方面有所成就，如私慾過重、將遭朋友排斥而被孤立、不屈不撓、具有重振雄風的毅力、性情保持平和、改變方針時多加注意，則可獲得幸輻、好惡明、好勝而且理解力強、自我主義。

其他——親屬、繼承、轉捩點、改革、革命、復活、再起、改良、整理、停止、中止、退、關店、儲蓄、慾念、頑固、高尚、拒絕、歡迎、堅固。

㈧：☷坤、地

陽曆季節—從七月上旬小暑至九月上旬白露的二個月間。

時間—十二時至十五時。

天象—陰。

人物—妻、母、女、老婦、農夫、民衆、勞工、副主管、平凡人、溫順的人、老母。

人體—腹部、胃腸、皮膚、肉、皮肉、內臟。

疾病—胃腸疾病、消化不良、食慾不振、皮膚病、下痢、便秘、過勞、老化、死亡。

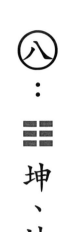

市場行情——跌停板。

場所——平地、農地、農村、山村、原野、鄉村、故鄉、
安靜場所、黑暗地方、工作場所、地底建築、
地底創建物。

動物——母馬、牛、家畜、蟻、百獸。

植物——蘑菇、芋、馬鈴薯、蕨、地底農物。

雜物——布、棉織品、袋子、床單、被單、書、貼身內衣、
綢緞、不產、古物、土器、陶瓷器、鍋、釜、容器、
空箱子、榻榻米、甘薯、粗點心、廉價品、粉末、
日常用品、鞋、古董、錢頁面。

性情——外柔內剛、腳踏實地努力，可獲成功，一點一滴累積以致富，缺乏創意與果斷力，但工作認眞、踏實而且個性柔順，在組織中受人信賴，適合輔助性質的工作、和順、卑下。

其他——樸實、農業、低等職業、勤務、營業、傳統、舊式、拖延、夜、黑暗、不消化、空虛、空、吝嗇、認眞、參謀、四角、厚、等、具體的、靜、錢頁面、軍隊、民眾、團結、順從。

人事——柔順、懦弱、樸實、為副不為主。

婚姻——吉利和順、相睦、無阻、先孕之象。

出行——可、春占防盜失、或有迷路、無礙。

求財——有利、大利土地房屋田產買賣、多而於中取利交易

忌不明物品。

官訟——順理、皆可解。

第五章・八純宮八變法

易占八宮卦變化表

(一)乾宮(金屬)所屬八個重卦

䷀ 純乾卦(乾為天)爲本宮各卦變動開始點

䷫ 第一爻變(天風姤)

䷠ 第二爻變(天山遯)

䷋ 第三爻變(天地否)

䷓ 第四爻變(風地觀)

䷖ 第五爻變(山地剝)

䷢ 回來第四爻變(火地晉)

䷍ 下卦全變(火天大有)

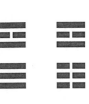

(二)兌宮(屬金)所屬八個重卦

䷹ 純兌卦(兌爲澤)為本宮各卦變動開始點

䷮ 第一爻點(澤水困)

䷬ 第二爻變(澤地萃)

䷞ 第三爻變(澤山咸)

䷦ 第四爻變(水山蹇)

䷎ 第五爻變(地山謙)

䷽ 回來第四爻變(雷山小過)

䷵ 下卦全變(雷澤歸妹)

（三）離宮（屬火）所屬八個重卦

䷝ 純離卦（離爲火）爲本宮各卦變動開始點

䷷ 第一爻變（火山旅）

䷱ 第二爻變（火風鼎）

䷿ 第三爻變（火水未濟）

䷃ 第四爻變（山水蒙）

䷺ 第五爻變（風水渙）

䷅ 回來第四爻變（天水訟）

䷌ 下卦全變（天火同人）

(四)震宮(屬木)所屬八個重卦

䷲ 純震卦(震為雷)爲本宮各卦變動開始點

䷏ 第一爻變(雷地豫)

䷧ 第二爻變(雷水解)

䷟ 第三爻變(雷風恒)

䷭ 第四爻變(地風升)

䷯ 第五爻變(水風井)

䷛ 回來第四爻變(澤風大過)

䷐ 下卦全變(澤雷隨)

(五)

巽宮(屬木)所屬八個重卦

䷸ 純巽卦(巽為風) 為本宮各卦變動開始點

䷈ 第一爻變(風天小畜)

䷤ 第二爻變(風火家人)

䷩ 第三爻變(風雷益)

䷘ 第四爻變(天雷無妄)

䷔ 第五爻變(火雷噬嗑)

䷚ 回來第四爻變(山雷頤)

䷑ 下卦全變(山風蠱)

（六）坎宮（屬水）所屬八個重卦

䷜ 純坎卦（坎為水）爲本宮各卦變動開始點

䷻ 第一爻變（水澤節）

䷂ 第二爻變（水雷屯）

䷾ 第三爻變（水火既濟）

䷰ 第四爻變（澤火革）

䷶ 第五爻變（雷火豐）

䷣ 回來第四爻變（地火明夷）

䷆ 下卦全變（地水師）

（七）

艮宮（屬土）所屬八個重卦

䷳ 純艮卦（艮為山）為本宮各卦變動開始點

䷕ 第一爻變（山火賁）

䷙ 第二爻變（山天大畜）

䷨ 第三爻變（山澤損）

䷥ 第四爻變（火澤睽）

䷉ 第五爻變（天澤履）

䷼ 回來第四爻變（風澤中孚）

䷴ 下卦全變（風山漸）

(八) 坤宮(屬土)所屬八個重卦

䷁ 純坤卦(坤為地)爲本宮各卦變動開始點

䷗ 第一爻變(地雷復)

䷒ 第二爻變(地澤臨)

䷊ 第三爻變(地天泰)

䷡ 第四爻變(雷天大壯)

䷪ 第五爻變(澤天夬)

䷄ 回來第四爻變(水天需)

䷇ 下卦全變(水地比)

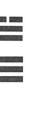

【四大難卦】：

以下並列的四卦，各卦均帶有☵坎水，在運勢上而言，屬於困難逆境之卦。

(3) ䷂ 水雷屯 開始之時遭遇困難。

(29) ䷜ 坎為水 開始與最後之時，進退均有困難。

(39) ䷦ 水山蹇 中途遭遇困難。

(47) ䷮ 澤水困 困難之極。最終之苦惱。

上卦（外卦）帶有☵坎卦者，主有外患，下卦（內卦）有坎者，主有內憂，故䷜坎為水表示內憂外患。由於坎具有穴、困難、苦難之卦象，故占得該卦時，必須自我保重，以挽救極險的狀況；並且步步為營，等候時機的到來，以謀脫離險境。

就逆境之卦而言，求得之卦時，如所占得的爻位接近上爻者，表示其困難將近結束。

〔彼我分析法〕：

該占法係將所占得的大成卦（本卦）加以分離，上卦（外卦）代表對方，下卦（內卦）代表自己。該種占法多運用於買賣交涉之類的占卦；但是，其並非隨時均可加以應用，祇不過是占法之中一種論斷而已。

譬如：䷴風山漸的上卦爲☴巽、風，視爲對方；下卦爲☶艮、山，視為自己。該種情形之下，且將對方四卦(雷、風、山、澤)的上卦如下列情形，加以倒置看看。

☳雷 ↓ ☶艮、山 ↓ 停止

☴風 ↓ ☱兌、澤 ↓ 誘惑

☶山 ↓ ☳震、雷 ↓ 前進

☱澤 ↓ ☴巽、風 ↓ 違背、迷惑

☰乾、天（不理睬）、☲離、火（看透）、☵坎、水（苦惱）、☷坤、地（不明瞭）等四卦加以倒置亦復相同，故仍持原來看法。

如前頁所示風山漸的上卦☴風變為☱兌，☱兌象為誘惑，而下卦☶艮為停止之象，故可視為對方雖有所引誘，惟自己不為所動，保持停止狀態。四爻、五爻帶有⚋陰爻時，則為對方朝我方前進，或有所引誘之意。

(3)

☵☳ 水雷屯　視為對方（☵坎、水）陷於困窮狀況，正在設法之中；自己（☳震、雷）則有意前進。

(50)

☲☴ 火風鼎　視為對方（☲離、火）已經看準，而自己（☴巽、風）卻持不同意對方的態度。

(11)

☷☰ 地天泰　視為對方（☷坤、地）態度不明確，而自己（☰乾、天）則假裝不在乎的態度。

(2)

䷁ 坤為地　視為我彼雙方態度均不明確，不得結果。

(23)

䷖ 山地剝　視為對方（☶↓☳震、雷）已經採取前進行動，而自己（☷坤、地）卻不能表明態度。

(58)

䷹ 兌為澤　視為對方（☱↓☴巽、風）不同意，自己（☱兌、澤）雖有所勸惑，仍不能表明態度。

對八卦象意配合具體的占卦目的，進行占斷，其可應用的範圍，實廣泛無比。另外，尚有將原卦的內卦陰陽互變，分析變更自我方針的一種占卦法：(6) ䷅ 天水訟（不和、起爭執。對方態度強硬。意見不能溝通），將其下卦（內卦）反轉過來，則變成(13) ䷌ 天火同人（與志同道合之奮交往則吉。受關懷、提攜）。但是，該卦對於起初占得的本卦所表示的運勢，並不意味可以全面改變。

〔彼我論卦〕：

該種卦法係將大成卦(本卦)當做我方，然後，將該大成卦整個掉轉過來，所得出之卦當做對方。譬如：䷒地澤臨代表我方，該卦上下掉轉則成䷓風地觀，係代表對方。賓主法爲分析買賣交涉或對方狀態的占法，不過也只是所有占法之中的一種論法；占卦時，並非一定要使用該一賓主法，不妨因應所占問的事物作一參考。

䷀ 乾為天

䷁ 坤為地

䷜ 坎為水

䷝ 離為火

䷚ 山雷頤

䷛ 澤風大過

䷼ 風澤中孚

䷽ 雷山小過

以上所列八種大成卦，其上卦、下卦均對等立，故主我方與對方均屬相同等質量。除去該八種以外的大成卦，有關其賓主法，謹略述如後：

我方：

(55) ䷶ 雷火豐

盛大 內部帶有苦惱 無持久性

對方：

(56) ䷷ 火山旅

親情淡薄 移動 孤獨 不安

(16) ䷏ 雷地豫

歡樂 完成準備 希望 易於疏忽

(15) ䷎ 地山謙

謙遜 謹慎 後期轉佳

(7)

䷆ 地水師

戰爭 損傷 不得平安

(8)

䷇ 水地比

親睦 平安 協力 遲緩

(40)

䷧ 雷水解

解決 放鬆 散除

(39)

䷦ 水山蹇

停頓 阻滯 動彈不得

(46)

䷭ 地風升

前進 地位上昇 循序前進

(45) ䷬ 澤地萃

喜悅聚集　買賣繁昌　爭奪財產

(49) ䷰ 澤火革

改革　轉換方向　愈往後愈佳

(50) ䷱ 火風鼎

取新　跟隨機運　改正

(19) ䷒ 地澤臨

希望　盛運　徐徐前進

(20) ䷓ 風地觀

靜觀　觀察　受他人提拔　精神方面主吉

(41) ䷨ 山澤損

一時的損失　先賠後賺　徐徐前進

(42) ䷩ 風雷益

利益　先賺後賠　內部動搖

(60) ䷻ 水澤節

節制　緊張　段落

(59) ䷺ 風水渙

離散　心不安

(54) ䷵ 雷澤歸妹

顛倒順序　非常道

(53) ䷴ 風山漸

事物漸有進展　金錢上的苦惱

(48) ䷯ 水風井

重複　不能立即達成　守舊爲吉

(47) ䷮ 澤水困

困難　不如意　資金不足

(32) ䷟ 雷風恒

恒常　平穩　守舊　沒有進展

(31) ䷞ 澤山咸

迅速行動　感應　遠方有佳音

(24) ䷗ 地雷復

再來 一陽來復 復活 順利推進

(23) ䷖ 山地剝

從基礎開始崩潰 身為上司者感到困苦

(3) ䷂ 水雷屯

創始的苦惱 萌芽 難以伸展

(4) ䷃ 山水蒙

妄念 躊躇 矇昧 黑暗 後半轉佳

(51) ䷲ 雷為震

奮進 有聲無形 共振波率(ㄌㄩˋ)

(52)

䷳

艮為山

止 再接再厲 經常阻滯

(17)

䷐

澤雷隨

隨從 臨機應變 改正

(18)

䷑

山風蠱

混亂 閉塞 來自內部的混亂

(36)

䷣

地火明夷

才能不受賞識 內心憂悒 地底發展

(35)

䷢

火地晉

前進 昇 進昇 沒有內容

(22) ䷕ 山火賁

飾也 美觀 內部空虛 創建新機

(21) ䷔ 火雷噬嗑

除去中間的障礙 逞強 買賣

(63) ䷾ 水火既濟

完成 先好後壞 結束 一個階段成就

(64) ䷿ 水火未濟

未完成 先壞後好 另一次延續進展

(33) ䷥ 火澤睽

反目 背叛 後半轉佳 內部起鬨

(37)

䷤

風火家人

和睦　親愛　意思溝通

(58)

䷹

兌為澤

喜悅　小事有喜　沒有歸結　注意口角之爭

(59)

䷸

巽為風

疑惑　迷失而受損　中途受挫　不安定

(11)

䷊

地天泰

安定　中途陷於混亂　表面良好

(12)

䷋

天地否

否塞　半途開始亨通　困難

(26) ䷙ 山天大畜

養精蓄銳 進行計劃 超科技

(25) ䷘ 天雷无妄

順從趨勢演變 意外之災 迷惑 無有妄念

(5) ䷄ 水天需

等待時機 期待 養精蓄銳

(6) ䷅ 天水訟

申訴 不和 憂傷 爭執

(9) ䷈ 風天小畜

稍後 時機未熟而焦躁

(10)

䷉

天澤履

冒險　履虎尾的危險　開始時有驚恐之事

(34)

䷡

雷天大壯

強壯　好強　沒有實質

(33)

䷠

天山遯

退　引退　凡事出錯

(14)

䷍

火天大有

盛大　物質上的滿足　因人際關係而勞苦

(13)

䷌

天火同人

協力　受提拔　性急　和睦

(43) ䷪ 澤天夬

解決 斷然實行 不測之災 文書上的錯誤

(44) ䷫ 天風姤

偶然相逢 迷惑多 交構

〔詮卦〕：

大成卦之中含有小成卦的八卦卦象者，稱詮卦。在占斷之時，以所含八卦卦象的意義為主，進行判斷。又稱爲大卦。該詮卦亦屬占斷時的一項參考，並不一定需要觀察出來。即「以二用一」的理論。

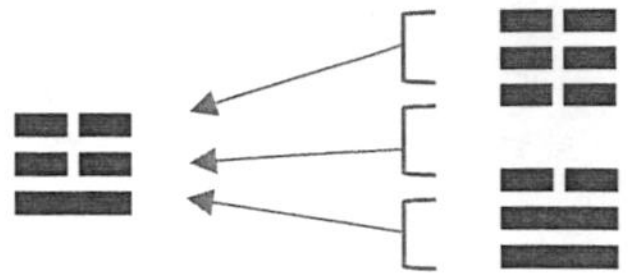

地澤臨

震(大震)

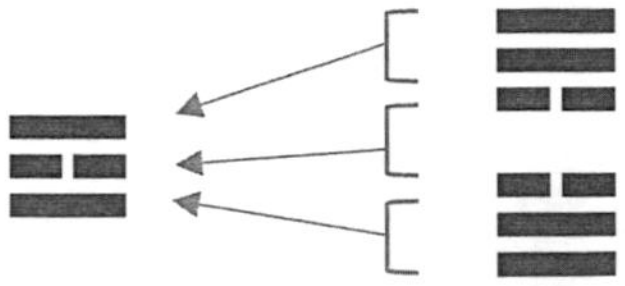

風澤中孚

離(大離)

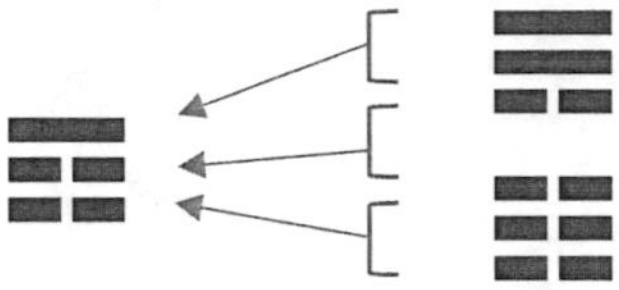

風地觀

艮(大艮)

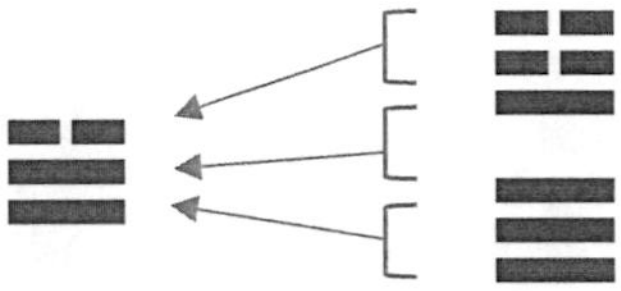

雷天大壯

兌(大兌)

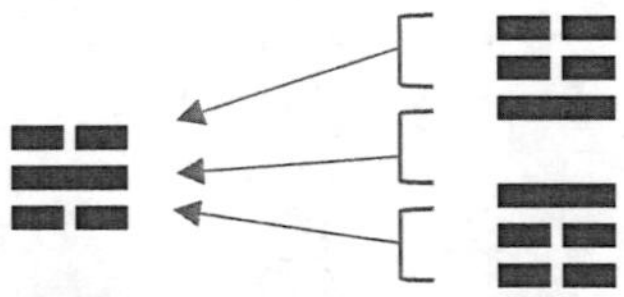

雷山小過

坎(大坎)

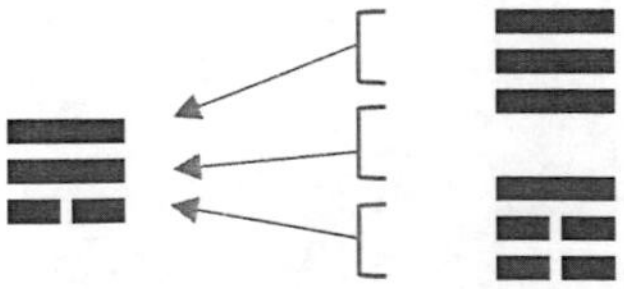

天山遯

巽(大巽)

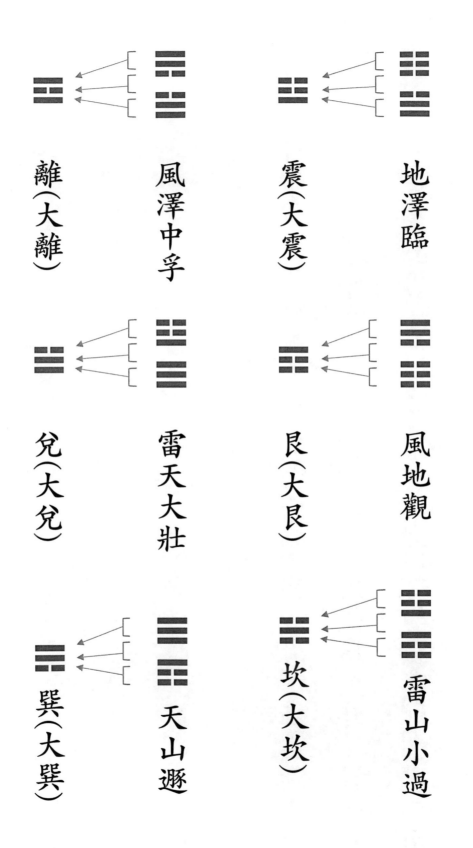

雷山小過（大成卦）包含坎（小成卦）象，視為水、苦惱。風地觀（大成卦）包含艮（小成卦）象，故視為停止。

〔包卦〕：

以下所列舉之卦稱做包卦，觀察內互法之包爻呈卦。

䷨ 山澤損　䷩ 風雷益

☰ 乾中包含有 ☷ 坤

䷥ 火澤睽　䷤ 風火家人

☰ 乾中包含有 ☵ 坎

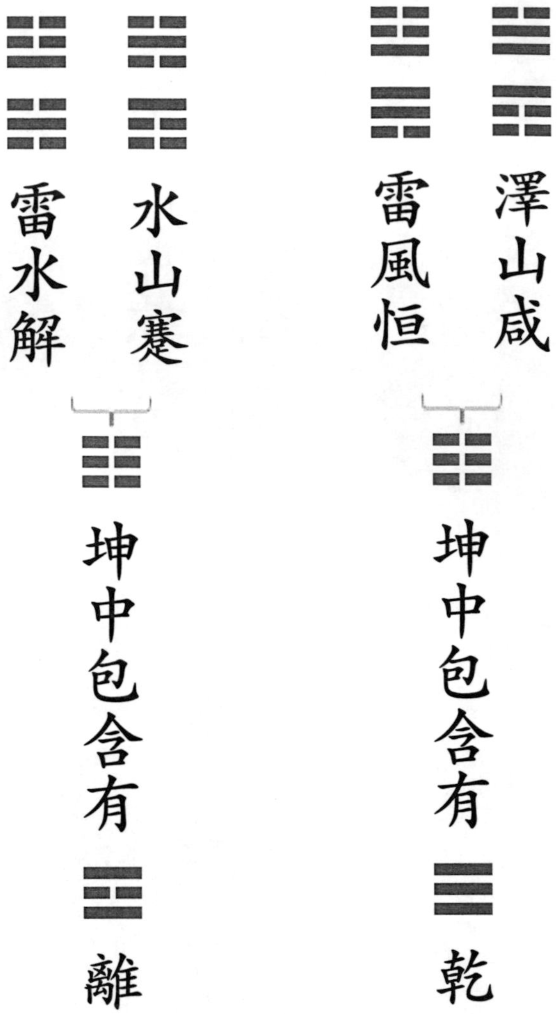

◎包卦僅示卦相有互比之卦相，以「內三爻」成一單卦相。

于：「四重卦」中有「天象學之理論闡述」。

〔互卦〕：

四爻可互卦，即：「四盈而成易」。大成卦(本卦)的二爻、三爻、四爻稱為互卦，三爻、四爻、五爻稱為約象。本卦為䷒地澤臨，則其互卦為☳震、雷，約象為☷坤、地。將約象的☷坤、地作爲上卦，互卦的☳震、雷作為下卦，則成䷗地雷復的大成卦。

以該本卦的上卦(外卦)代表對方，下卦(內卦)代表我方，則可說是對方與我方的接觸點或是現況，即使彼我形態上而言，也可以說是呈現出一種交錯狀態。

進行占斷時，觀察該一由互卦與約象(二者合一，通稱互卦)所組成的大成卦，可以提供解決現況的一項線索；並且，其可視為潛藏著的事情，配合、對照所得出的本卦(此處是指☷☱地澤臨)，更可得出實際而具體的占斷。

所以，互卦、約象可以說是占斷的關鍵，觀察互卦與約象之象，復可謀得解決問題的方法。

譬如：☴☴巽為風的互卦☱兌、澤，約象為☲離、火，根據☲離、火之象，則可判斷該事物是否與文書之類有所牽連，這也是一種占法上的應用。

◎每一卦六爻中與上、中、下之四爻成互，則有三卦十八爻。

〈九〉占斷人事重點：

左列占法圖解係說明占間具體事實的時候，所使用的各種方法。配合本卦、之卦加以研究，則各該占法均可作為占斷時的一種參考。占斷之妙全然存乎於此。占斷方法復因個人的深入研究與分析，必然有所領悟，而變成自己的易占。一般而言，占卦時，如果出現不好的卦，往往都會想重新卜筮(占卦)一次；但是，再度進行占卜的話，易占必然不會給予明確的指示或顯示正確的事態。所以，首先必須熟諳八卦或六十四卦的象意，然後，研究該卦並對照具體事實，進行占斷，方能掌握解決問題的重要鎖鑰。至於，想瞭解其中或隱藏的情事、進退之策或情勢時，則可根據詮卦、或是將內卦、外卦的陰陽爻互變，當可有所明瞭。但是，必需熟諳八卦卦象，則該類占法必然運用自如。

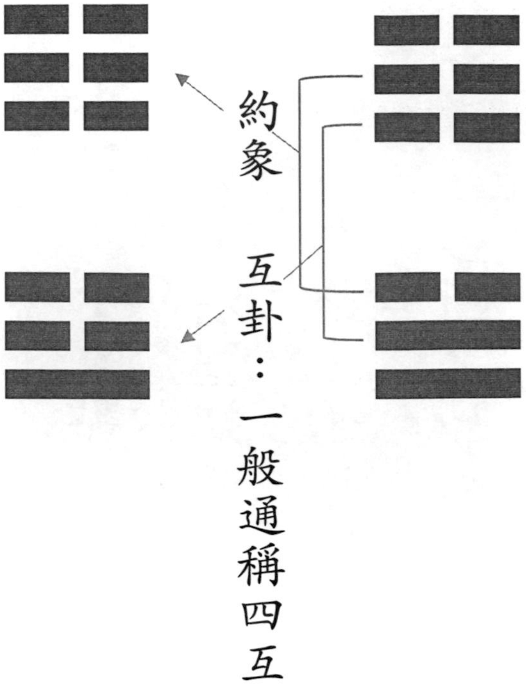

〔六十四卦象及認卦捷徑表〕：

上卦＼下卦	1. 天乾 ☰	2. 澤兌 ☱	3. 火離 ☲	4. 雷震 ☳	5. 風巽 ☴	6. 水坎 ☵	7. 山艮 ☶	8. 地坤 ☷
1. 天乾 ☰	乾為天 1	天澤履 10	天火同人 13	天雷無妄 25	天風姤 44	天水訟 6	天山遯 33	天地否 12
2. 澤兌 ☱	澤天夬 43	兌為澤 58	澤火革 49	澤雷隨 17	澤風大過 28	澤水困 47	澤山咸 31	澤地萃 45
3. 火離 ☲	火天大有 14	火澤睽 38	離為火 30	火雷噬嗑 21	火風鼎 50	火水未濟 64	火山旅 56	火地晉 35
4. 雷震 ☳	雷天大壯 34	雷澤歸妹 54	雷火豐 55	震為雷 51	雷風恒 31	雷水解 40	雷山小過 62	雷地豫 16
5. 風巽 ☴	風天小畜 9	風澤中孚 61	風火家人 37	風雷益 42	巽為風 57	風水渙 59	風山漸 53	風地觀 20
6. 水坎 ☵	水天需 5	水澤節 60	水火既濟 63	水雷屯 3	水風井 48	坎為水 29	水山蹇 39	水地比 8
7. 山艮 ☶	山天大畜 26	山澤損 41	山火賁 22	山雷頤 27	山風蠱 18	山水蒙 4	艮為山 52	山地剝 23
8. 地坤 ☷	地天泰 11	地澤臨 19	地火明夷 36	地雷復 24	地風升 46	地水師 7	地山謙 15	坤為地 2

國家圖書館出版品預行編目(CIP)資料

易經錯了幾千年 : 世界唯一。易經宇宙觀論卦。
41 雷天大壯卦 / 林永昌著. -- 高雄市 : 林永昌,
民 110.12
223 面 ; 18.2X25.7 公分
ISBN 978-957-43-9610-8(平裝)

1.易經 2.注釋

121.1 110021181

易經錯了幾千年：世界唯一。易經宇宙觀論卦。41 雷天大壯卦

中華民國 110 年 12 月出版發行

著作：林永昌

出版者：林永昌

版權聯絡人：林芝伶

信箱：wenwenyaya520@gmail.com

印刷廠：海王星數位輸出影印店

印刷廠地址：高雄市三民區建工路 413 巷 1 號

印刷廠電話：07-3980591

定　價：新台幣 500 元整